DE SMITH A MARX :

DEUX APPROCHES DU CAPITALISME

Pour Comprendre

Collection dirigée par Jean-Paul Chagnollaud

L'objectif de cette collection *Pour Comprendre* est de présenter en un nombre restreint de pages (176 à 192 pages) une question contemporaine qui relève des différents domaines de la vie sociale.

L'idée étant de donner une synthèse du sujet tout en offrant au lecteur les moyens d'aller plus loin, notamment par une bibliographie sélectionnée.

Cette collection est dirigée par un comité éditorial composé de professeurs d'université de différentes disciplines. Ils ont pour tâche de choisir les thèmes qui feront l'objet de ces publications et de solliciter les spécialistes susceptibles, dans un langage simple et clair, de faire des synthèses.

Le comité éditorial est composé de : Maguy Albet, Jean-Paul Chagnollaud, Dominique Château, Jacques Fontanel, Gérard Marcou, Pierre Muller, Bruno Péquignot, Denis Rolland.

Dernières parutions

Xavier BOLOT, *Comment représenter l'action. Le bonheur d'appliquer les sciences de la vie aux arts du vivants*, 2012.
Thomas SEGUIN, *Le postmodernisme. Une utopie moderne*, 2012.
Nicolas BALTAZAR, *La place des salariés dans l'entreprise de demain. Que cache la rationalisation des entreprises françaises ?*, 2012.
Denis MONNEUSE, *Les jeunes expliqués aux vieux*, 2012.
Gérard PARDINI, *Grands principes constitutionnels. Institutions publiques françaises*, deuxième édition, 2012.
Bernardin MINKO MVE, *L'anthropologie*, 2012.
Georges M. CHEVALLIER, *Systèmes de Santé. Clés et comparaisons internationales,* nouvelle édition, 2011.
Charles KORNREICH, *Une histoire des plaisirs humains*, 2011.
Jean-Jacques TUR, *Les nouveaux défis démographiques, 7 milliards d'hommes… déjà !*, 2011.

André MESIN

DE SMITH A MARX :

DEUX APPROCHES DU CAPITALISME

L'Harmattan

Du même auteur :

Graines de résistance, L'Harmattan 2011.

5-7, rue de l'École-Polytechnique ; 75005 Paris
http://www.librairieharmattan.com
diffusion.harmattan@wanadoo.fr
harmattan1@wanadoo.fr
ISBN : 978-2-296-99838-4
EAN : 9782296998384

A Bernadette, Pascale, Alice et Adrien

INTRODUCTION

Flânant dans une librairie au cours de l'été 2007, un titre a attiré mon attention parmi les livres proposés : *« Le temps des turbulences »*. Il s'agissait des mémoires d'Alan Greenspan, qui était encore alors le patron de la Réserve Fédérale, la banque centrale des Etats-Unis. Ce personnage, souvent présenté comme l'un des plus influents de la planète, faisait régulièrement la une des journaux. Ses moindres propos étaient analysés par les experts et les marchés financiers retenaient leur souffle avant chacune de ses interventions. La crise des « subprimes » était encore ignorée du grand public et les financiers restaient auréolés du prestige que leur conférait la forte croissance des cours de bourse. Intrigué, j'ai voulu savoir ce que pouvait penser un acteur aussi important de l'économie mondiale, quelles étaient ses motivations et comment il prenait ses décisions. A la lecture de son livre, j'ai été frappé de constater que ce libéral convaincu avait une immense vénération pour un auteur classique : Adam Smith. Cet éloge appuyé a suscité ma curiosité : si cette œuvre inspirait encore de nos jours un décideur aussi puissant à l'échelle de la planète, elle méritait sans doute mieux que les quelques lignes qui lui étaient généralement consacrées dans les manuels d'économie au paragraphe : « économistes classiques ». Il fallait en avoir le cœur net ! J'ai donc entrepris une lecture attentive de son livre le plus connu *« Essai sur la richesse des nations »*. Bien que rédigé avec clarté et précision, celui-ci est d'un abord plus ou moins aisé selon les chapitres et les passages. Seule une lecture attentive, patiente et active permet de surmonter cette difficulté. Au fil de son millier de pages, on découvre une pensée certes libérale et favorable au rôle des marchés mais beaucoup plus subtile et nuancée que la présentation sommaire qui en est souvent faite. De longs mois plus tard, enhardi par cette première expérience, l'idée m'est venue d'appliquer la même démarche à l'œuvre-phare d'un autre auteur-culte que je pensais alors diamétralement opposé à Adam Smith : *« Le Capital »* de Karl Marx. Lorsque j'ai acheté les deux tomes d'un millier de pages chacun, le libraire m'a dit qu'il s'agissait de l'œuvre la plus lue au monde après la Bible. Vérification faite, cette immense notoriété revenait plutôt au *« Manifeste du parti communiste »*, édité vingt ans avant le premier Livre du *« Capital »*, mais qu'importe : l'ouvrage qui a donné son nom au système économique qui nous régit encore aujourd'hui et que citent encore si souvent partisans et détracteurs ne pouvait être que majeur. Cette nouvelle découverte fut au moins aussi ardue que la première. Comme le dit Marx dans sa préface : *« Il n'y a pas de route royale pour la science, et ceux-là seulement ont la chance d'arriver à ses sommets qui ne craignent pas de se fatiguer à gravir ses sentiers escarpés »*. Ce sont ces découvertes, fruits de ces deux longs cheminements, que je voudrais faire partager au lecteur.

Ecrites à environ un siècle d'intervalle, « *Richesse des nations* » et « *Le Capital* » sont toutes deux des œuvres de maturité, qui tendent à une description globale d'un système économique. Elles sont marquées par leur époque : lorsque Smith écrit à la fin du 18e siècle, le capitalisme prend son essor en Angleterre. Un siècle plus tard, Marx décrit un système qui s'est consolidé et étendu déjà à de nombreuses parties du monde. L'ouvrage de Smith est structuré et abouti. L'auteur est clairement favorable au capitalisme en développement tout en en dénonçant déjà les travers et dérives possibles. Il est convaincu que l'initiative individuelle, la concurrence, la croissance des capitaux disponibles et le libre-échange sont les facteurs essentiels de l'augmentation des richesses produites. Comme le souligne Karl Polanyi dans son ouvrage « *La grande transformation* » publié en 1944, *« un optimisme général imprègne toute l'œuvre d'Adam Smith »* car *« l'opinion personnelle de Smith est que l'abondance personnelle ne peut s'empêcher de filtrer jusqu'au peuple ; il est impossible que la société devienne de plus en plus riche et le peuple de plus en plus pauvre. »* Un siècle plus tard, Marx adopte une approche beaucoup plus critique : il démonte méthodiquement les mécanismes du système capitaliste pour mettre au jour ses contradictions, ses limites et ses dangers. Il estime que ce système est daté et qu'il porte en lui-même les germes de son dépassement. Malgré sa dimension, son œuvre est inachevée : seul le Livre I a été édité de son vivant tandis que les Livres II et III l'ont été par Engels une vingtaine d'années plus tard à partir des notes de Marx. Encore faut-il ajouter que ce dernier projetait encore deux autres Livres qu'il n'a pas eu le temps d'écrire. Dans sa description magistrale il cite souvent Smith en qui il semble avoir un profond respect malgré toutes les objections qu'il formule à l'égard de certaines de ses idées. Cette proximité intellectuelle au-delà des époques a été pour moi une découverte : ainsi, Marx répond à Smith en partant à plusieurs reprises de ses thèses pour les approfondir et les dépasser. S'il les critique, parfois avec vivacité, il ne les rejette pas en bloc mais va au-delà de leur apparente logique. Il s'agit malheureusement pour ainsi dire d'un dialogue à sens unique car on ne sait évidemment pas ce qu'aurait pensé Smith des thèses de Marx. On peut simplement imaginer que leur dialogue aurait été passionnant. C'est également cette correspondance entre deux œuvres monumentales que je voudrais illustrer.

Une multitude d'ouvrages et articles ont déjà été écrits sur Smith et, plus encore, sur Marx. Au sujet de Smith, outre les ouvrages d'Alan Greenspan et Karl Polanyi déjà cités, je mentionnerai l'hommage appuyé d'Amartya Sen, prix Nobel d'économie en 1998, en prélude à son essai *« Un nouveau modèle économique ».* Concernant Marx, je pense notamment à *« A la recherche de Karl Marx »,* de Jean-Emmanuel Ducoin, et *« Marx mode d'emploi »* de Daniel Bensaid (illustré par Charb), qui m'ont inspiré dans la rédaction de ce livre. Celui-ci n'est pas une thèse de plus mais, plus modestement, un résumé commenté des deux œuvres qui tente de montrer leur actualité, leurs ressemblances et leurs différences. Il s'adresse à tous ceux qui souhaiteraient en acquérir une bonne connaissance sans avoir le temps de les lire entièrement. Il ne saurait évidemment pas en restituer toute la richesse, l'érudition et l'énergie foisonnante mais vise à en offrir une vision synthétique. Peut-être donnera-t-il aux lecteurs les plus courageux ou disponibles, malgré ses imperfections et son caractère inévitablement réducteur, l'envie d'aller plus loin dans la connaissance des deux auteurs.

La première partie est consacrée à « *Richesse de nations* », la seconde au *« Capital »* (notés respectivement « RN » et « C » dans les commentaires). Chaque chapitre est suivi d'un commentaire en italique qui complète le résumé, le relie à l'actualité ou fait ressortir les correspondances entre les deux œuvres. Enfin, la troisième partie revient sur les convergences et différences de vues les plus significatives entre les deux auteurs.

En fin d'ouvrage, un glossaire fournit une définition synthétique de quelques termes essentiels. Ceux-ci sont repérés par un astérisque lors de leur première occurrence.

PARTIE I

LA MAIN INVISIBLE DE SMITH

La fameuse « main invisible », celle qui pousserait les hommes à agir sans le vouloir dans le sens de l'intérêt général de la société : bien que cette expression ne figure qu'une seule fois dans le millier de pages de l' « Essai sur la richesse des nations », c'est elle qui est associée spontanément à la pensée d'Adam Smith. L'ouvrage de ce dernier ne se résume pas, loin de là, à l'idée qu'en agissant dans le sens de leur intérêt individuel, les agents économiques concourent naturellement à l'optimisation des ressources disponibles et l'enrichissement de la société mais, s'il fallait n'en dire que trois mots, ce serait cette formule !

« Essai sur la richesse des nations », publié en 1781, comporte cinq Livres.

Le premier expose comment la tendance naturelle des hommes à échanger conduit à la division du travail et à l'apparition de la monnaie pour favoriser les échanges. Le prix d'échange des produits correspond à la quantité du travail qui y est incorporée. Il se distribue en salaires, profits et rentes. L'évolution de ces trois composantes est liée : la hausse des profits a tendance à faire hausser les rentes et baisser les salaires.

Le Livre II aborde la question du capital, préalable à la division du travail. Par capital on entend les fonds accumulés qui servent à financer le travail productif. Plus ils augmentent plus la production augmente. Ils se répartissent en fonds de consommation, capitaux fixes et capitaux circulants. L'argent est un des éléments du capital circulant dont la circulation est facilitée par le crédit. Le travail productif recouvre l'agriculture, la manufacture et le commerce.

Le Livre III évoque l'évolution historique de la richesse des sociétés. Naturellement, le capital va d'abord vers l'agriculture, puis la manufacture et enfin le commerce étranger. Ce cours naturel a pu être perturbé par une appropriation inégalitaire des terres ou par les restrictions légales apportées au commerce. Après la chute de l'empire romain, les villes se sont développées avec le soutien des rois et ont contribué à l'amélioration des campagnes.

Ainsi, le développement des manufactures a progressivement détruit l'ordre féodal.

Dans le Livre IV, Smith développe une critique détaillée du mercantilisme, théorie selon laquelle la richesse d'une nation se mesure à la quantité d'or qu'elle possède. Il explique que le commerce est un facteur d'enrichissement des sociétés et que, sauf exception, les entraves qui y sont apportées perturbent la tendance naturelle des capitaux à s'investir là où ils procureront le plus grand produit, contribuant par-là, comme mus par une « main invisible », à l'enrichissement des sociétés. Le dernier chapitre est consacré à la pensée des physiocrates qui définit la richesse d'une société comme la quantité de biens consommables qu'elle produit chaque année. S'il est d'accord avec cette définition, Smith critique la conception selon laquelle le seul travail productif serait celui de l'agriculture.

Enfin, le Livre V est consacré aux dépenses de l'Etat et à ses revenus : impôts et emprunts. Smith analyse les différents types d'impôts selon quatre critères : proportionnalité aux revenus, certitude, facilité et coût de recouvrement. Il explique comment les dettes publiques se sont développées historiquement, notamment du fait des guerres, et déplore leur excès, estimant que seule une banqueroute partielle pourrait les résorber.

LIVRE I
Des causes qui ont perfectionné les facultés productives du travail, et de l'ordre suivant lequel les produits se distribuent naturellement dans les différentes classes du peuple

Chapitre 1 : De la division du travail

La division du travail permet d'augmenter sensiblement la quantité et la qualité des biens produits pour trois raisons :

- en faisant toujours la même tâche on acquiert une habileté beaucoup plus grande à cette tâche que si on ne fait celle-ci que de temps en temps,
- en évitant de passer sans cesse d'une tâche à l'autre on gagne du temps,
- cette organisation du travail favorise le progrès technique, chaque tâche simple étant plus facilement mécanisable, parfois sur suggestion des ouvriers eux-mêmes.

Il résulte de cette organisation améliorée de la production que l'ouvrier le moins aisé d'une société évoluée a une aisance matérielle bien supérieure à celle d'un roi de société tribale.

Marx reprend ce constat dans son analyse de la production capitaliste (voir notamment C Livre I section 4 chapitres 11 et 12 sur la coopération et la division du travail).

Chapitre 2 : Du principe qui donne lieu à la division du travail

La division du travail est due à la faculté, au penchant qu'ont les hommes à troquer et échanger, ce qui est probablement une conséquence de l'usage de la raison et de la parole.
En échangeant on fait appel non à la bienveillance de l'autre mais à son intérêt : *« Ce n'est pas de la bienveillance du boucher, du marchand de bière et du boulanger que nous attendons notre dîner, mais du soin qu'ils apportent à leurs intérêts. Nous ne nous adressons pas à leur humanité, mais à leur égoïsme ; et ce n'est jamais de nos besoins que nous leur parlons, c'est toujours de leur avantage. »*
La certitude de pouvoir échanger tout l'excédent de son travail par rapport à ses besoins de consommation contre un pareil excédent

chez les autres encourage chaque homme à se spécialiser dans un travail et à y cultiver ses aptitudes.

Cette observation judicieuse de Smith a été abondamment reprise par les économistes conservateurs qui en déduisent qu'en toutes circonstances l'intérêt général résulte naturellement de la somme des intérêts particuliers. Cette théorie mérite pourtant de sérieuses nuances et Smith lui-même en apporte dans son œuvre, comme on le verra par la suite.

Chapitre 3 : Que la division du travail est limitée par l'étendue du marché

La division du travail est limitée par la possibilité d'écouler le surplus de son travail, en d'autres termes la taille du marché. Celle-ci est considérablement accrue par l'existence de moyens de communication rapides, notamment les voies navigables.

Marx reprend cette notion de « surplus », d' « excédent », avec sa notion de « surtravail ». Grâce à l'échange commercial, l'excédent de production de l'ouvrier par rapport à ses besoins de subsistance génère une richesse nouvelle (la « survaleur » de Marx). Toute la question est de savoir qui s'approprie ce supplément de richesse et comment il se distribue.*

Chapitre 4 : De l'origine et de l'usage de la monnaie

La monnaie a été inventée pour faciliter les échanges. Le métal s'est imposé en raison de la facilité qu'il a à être divisé en petites unités ou, au contraire, à être refondu en grosses.
Afin de garantir la teneur en métal « reconnu », et le poids des pièces, des empreintes officielles ont progressivement été apposées sur les pièces.
C'est ainsi que s'explique l'origine de la livre, du schelling (sou en français), une once à l'origine, et du penny (ou denier) [(1)].

Le Livre I du Capital évoque également dès sa première partie (section 1 chapitre 3) le rôle de l'argent, élément central du système capitaliste.

[1] Pour ceux qui souhaitent comprendre les nombreux exemples chiffrés figurant dans les œuvres de Smith et Marx, il est utile de rappeler que, jusqu'à l'adoption du système décimal par le Royaume-Uni en 1971, la livre anglaise comportait 20 schillings et le schilling 12 pence.

Chapitre 5 : Du prix réel et du prix nominal des marchandises, ou de leur prix en travail et de leur prix en argent

Le prix réel est le prix exprimé en travail, le prix nominal le prix exprimé en monnaie.
Sur le long terme, le prix des marchandises peut s'évaluer en fonction de celui du blé car les variations du prix du blé sur une longue période sont plus proches de l'évolution du prix du travail que ne le sont les variations de valeur de la monnaie. A court terme, la valeur* des marchandises s'apprécie par rapport à la valeur de la monnaie.
Lorsqu'il y a plusieurs métaux en circulation, leur valeur s'apprécie par rapport à celle du plus précieux.
Il peut y avoir des différences entre la valeur d'une monnaie fondue en lingots et le même poids de métal monnayé.

La valeur d'échange d'une marchandise est égale à la quantité de travail qu'elle contient et qu'elle permet donc d'acheter ou de commander. En d'autres termes, le travail est la mesure réelle de toute valeur échangeable. Marx reprend cette idée dès le premier chapitre du « Capital ».

Chapitre 6 : Des parties constituantes du prix des marchandises

Le prix des marchandises se résout toujours, en dernière analyse, en un, deux ou trois des éléments suivants : salaire, profit* et rente*. Il en va de même des revenus d'une société. Dans certains cas, un seul producteur peut encaisser les trois éléments, comme par exemple un jardinier qui cultive son jardin et vend sa production.

Dire que le prix des marchandises peut « se résoudre » en plusieurs éléments (prix = salaire + profit + rente) est

contradictoire avec ce qui est dit au chapitre précédent sauf à considérer que l'on se situe non pas au niveau de la constitution du revenu mais de sa distribution. La pensée de Smith sur ce point est ambiguë, comme on le verra plus loin.

Chapitre 7 : Du prix naturel des marchandises et de leur prix de marché

Il existe pour chaque élément du prix (salaire, profit et rente), un taux moyen (« naturel ») pour une société donnée à une époque donnée. Le prix « naturel » d'une marchandise est l'addition de ces trois éléments.
C'est la loi de l'offre et la demande qui règle les variations à la hausse ou à la baisse des prix de marché par rapport aux prix naturels. Le prix de marché peut être durablement supérieur au prix naturel s'il y a monopole. Le prix de monopole est le prix le plus haut que peut tirer un vendeur de ses acheteurs tandis que le prix naturel est le plus bas qu'il puisse accepter en moyenne sur une longue période.

Au-delà de la contradiction évoquée au chapitre précédent, on retrouve là une convergence d'analyse entre Smith et Marx : la concurrence ne règle qu'à la marge le prix des marchandises par apport à un seuil (« prix naturel » pour Smith, « prix de production » pour Marx).

Chapitre 8 : Des salaires du travail

Le produit du travail est soumis à une double déduction : la rente et le profit. Ce qui reste constitue le salaire. Le niveau des salaires est réglé par deux facteurs : la demande de travail et le prix des moyens de subsistance. Les salaires tendent à monter lorsque le prix des subsistances baisse (la hausse de la consommation entraîne une hausse de la demande de travail, donc des salaires, qui fait plus que compenser la tendance à la baisse liée au moindre coût des moyens de subsistance) et à baisser dans le cas contraire (la baisse de la consommation entraîne une baisse de la demande de travail, donc des salaires, non ou partiellement compensée par la tendance à la hausse engendrée par la plus grande cherté des

moyens de subsistance). Il ressort cependant de ce qui précède que, sur une longue période, les salaires sont plus constants que le prix des vivres, la demande de travail et le prix des vivres exerçant des influences contraires.
Dans les périodes d'abondance, l'augmentation des salaires pécuniaires et celle des salaires réels se conjuguent : les ouvriers ont plus d'argent et les moyens de subsistance coûtent moins cher puisqu'ils sont abondants. On a le mécanisme inverse en période de disette.
Un salaire élevé augmente l'ardeur au travail et la productivité, à condition toutefois que l'excès de travail n'altère pas la santé du salarié.
Une hausse des salaires a tendance à améliorer la condition des salariés et donc à augmenter leur nombre : *« la demande d'hommes règle nécessairement la production d'hommes ».* Des salaires élevés sont la marque d'une société opulente. Ils se rencontrent surtout lorsqu'il y a croissance (état « progressif » de la société). Ils tendent à augmenter la motivation des salariés et la productivité du travail. On a des situations inverses lorsque la société est dans un état « stationnaire » ou « rétrograde ».

Ici les choses sont claires : la rente et le profit sont bien des prélèvements sur le produit du travail. Cependant, comme ce mécanisme est ancré dans les habitudes, Smith le considère comme un fait acquis, une contrainte quasi « naturelle », à tel point qu'on finit par oublier sa genèse.
On peut noter également la recommandation faite aux employeurs d'accorder de bons salaires et ne pas demander un travail excessif : « Ce sont les salaires du travail qui sont l'encouragement de l'industrie (...) Si les maîtres écoutaient toujours ce que leur dictent à la fois la raison et l'humanité, ils auraient lieu bien souvent de modérer plutôt que d'exciter l'ardeur au travail d'une grande partie de leurs ouvriers. » Pour surprenant qu'il soit, cet éloge du repos (la « fainéantise » selon Smith) ferait presque penser, en forçant le trait, à la chanson d'Henri Salvador : « Les prisonniers du boulot font pas de vieux os ! »

Chapitre 9 : Des profits du capital

L'accroissement des capitaux tend à hausser les salaires et à baisser les profits.
L'intérêt étant un prélèvement sur le profit, il y a nécessairement une relation entre le taux d'intérêt et le taux de profit. Un taux d'intérêt élevé nécessite un taux de profit élevé et, de ce fait, un taux de salaire, bas. A l'inverse, un taux d'intérêt faible va souvent de pair avec un taux de profit modéré et un taux de salaire élevé. C'est le signe d'une abondance de capitaux et d'une société riche.
Une hausse du taux de profit a tendance à faire monter les prix davantage qu'une hausse du taux de salaire : *« Les marchands et maîtres manufacturiers se plaignent beaucoup des mauvais effets des hauts salaires [...] ils gardent le silence sur les conséquences fâcheuses de leurs propres gains ; ils ne se plaignent que du gain des autres »*.

Ce chapitre peu souvent cité montre la méfiance de Smith à l'encontre des grands patrons de l'époque et son souci d'un traitement équilibré entre capital et travail. Comme Marx plus tard, il observe que les frais financiers sont un prélèvement sur le profit. Il estime également que l'accroissement des capitaux tend à faire baisser le taux de profit (voir ci-après chapitre 11).

Chapitre 10 : Des salaires et des profits dans les différents emplois du capital et du travail

Les salaires peuvent varier en fonction de la pénibilité du travail, de la durée et du coût de l'apprentissage, de la constance ou l'incertitude de l'ouvrage *(en d'autres termes, de la constance des débouchés pour un métier donné),* de la confiance qu'il faut accorder à l'ouvrier, de la chance de succès, célébrité ou reconnaissance publique. Le taux de profit, lui, varie selon la plus ou moins grande certitude des rentrées et selon l'agrément ou le désagrément de l'activité.
Globalement, la somme des avantages et désavantages de chaque métier est plutôt équilibrée, à condition que l'emploi soit connu (une activité encore peu connue devra proposer de plus hauts salaires pour attirer les ouvriers), qu'il soit dans son état

« ordinaire » (c'est-à-dire lorsque la rémunération de l'activité n'est pas affectée par des circonstances exceptionnelles perturbant l'équilibre entre l'offre et la demande de ce travail) et qu'il constitue la seule occupation de ceux qui l'exercent.
Les salaires et profits peuvent aussi varier selon des lois ou règlements : les règlements des corporations tendent à hausser les profits en empêchant la concurrence (limitation du nombre d'artisans, durée excessive de l'apprentissage). La grande difficulté pour un ouvrier de passer d'une commune à une autre crée de grandes distorsions dans les marchés du travail.

Certaines de ces remarques de bon sens restent globalement valables aujourd'hui

Chapitre 11 : De la rente de la terre

La rente de la terre est le prix payé pour l'usage de la terre. C'est un prix de monopole.
Si le niveau des salaires et des profits est la cause du niveau des prix, le taux de la rente en est l'effet.
Les produits de la terre assurant l'alimentation des hommes procurent toujours de quoi payer une rente. Celle-ci varie selon la localisation de la terre, sa fertilité et sa desserte. Ce sont les rentes et profits des terres à blé (celles dont la culture est indispensable à la nourriture des hommes) qui règlent les profits et rentes des autres terres, sauf cas particuliers. Si tel n'était pas le cas, en effet, les propriétaires des terrains concernés changeraient leur type de culture, ce qui rétablirait l'équilibre par le jeu de l'offre et la demande. Certaines cultures, dont la production est insuffisante pour répondre à la demande, peuvent procurer une rente largement supérieure à celle des terres cultivées pour produire la nourriture ordinaire des hommes.
Les produits de la terre permettant de fabriquer des vêtements (peaux, laine), des logements (pierres), de se chauffer (bois, charbon) ou de répondre à des besoins nouveaux lorsque l'essentiel est assuré (métaux précieux, diamants) procurent en général une rente dès lors que les terres produisant la nourriture habituelle des hommes génèrent un excédent de ces nourritures échangeable par leurs producteurs. L'amélioration des conditions de vie de la

société a donc tendance à augmenter la demande de produits autres que la nourriture et, par-là, à hausser le niveau de ces rentes. L'existence ou non d'une rente, ainsi que son niveau, sont fonction du rapport entre la quantité des produits et la demande.

Digression sur les variations de la valeur de l'argent, les effets des progrès dans la richesse nationale, les différentes sortes de produit brut et le prix réel des ouvrages des manufactures

1 Des variations de la valeur de l'argent pendant le cours des quatre derniers siècles
Sur la période de 1350 à 1700, la valeur de l'argent a augmenté malgré les apparences, en raison de l'augmentation de la demande liée à l'élévation du niveau de richesses, à l'exception de la période 1570 à 1640, où la forte augmentation de la production liée à la découverte des mines d'Amérique a eu une influence supérieure à celle de la demande. On parle ici de la valeur réelle c'est à dire du pouvoir d'achat du travail ou de produit du travail. Dans le même temps, la valeur du blé a baissé, sauf circonstances particulières (guerre civile, primes à l'exportation) en raison de la hausse de la productivité du travail.

2 Des variations dans la proportion entre les valeurs respectives de l'Or et de l'Argent
Depuis la découverte des mines d'Amérique, la valeur de l'or a haussé par rapport à celle de l'argent, en raison d'une production d'argent plus forte que sa demande. Toutefois, le prix de l'argent demeure au-dessus de son prix naturel (celui qui rémunère le travail et le capital) en raison de l'importance relative de cette demande.

3 Des motifs qui ont fait soupçonner que la valeur de l'argent continuait toujours à baisser
L'augmentation de la quantité d'or ou d'argent dans un pays, quand elle est liée à l'augmentation de sa richesse, n'entraîne pas une diminution de leur prix. Au contraire, c'est parce qu'il existe une demande prête à les payer plus cher que ces métaux précieux sont attirés par les pays riches. Si, parallèlement, certaines denrées coûtent plus cher, c'est parce que leur prix réel *(mesuré en quantité*

de travail voir chapitre 5 ci-avant) a augmenté et non parce que celui de l'or ou l'argent a baissé.

4 Des effets différents des progrès de la Richesse nationale sur trois sortes différentes de Produit brut

L'augmentation de la richesse nationale tend à hausser le prix de produits périssables tels que gibier, oiseaux ou poissons rares, bétail car la demande de ces produits augmente dès lors que les besoins élémentaires de subsistance sont assurés. Elle a un impact moins direct sur l'évolution du prix d'autres produits : poissons, laine, peaux, pierres précieuses car celui-ci dépend aussi de facteurs locaux : abondance de la ressource, règlements particuliers.

5 Conclusion de la digression sur les variations dans la valeur de l'argent

Du prix en argent des marchandises en général et du blé en particulier on ne peut déduire l'état de richesse d'une nation. On peut cependant le faire avec un fort degré de probabilité de certaines denrées : le bétail par exemple.

6 Des effets et des progrès de la Richesse nationale sur le prix réel des ouvrages de manufacture

L'augmentation de la richesse nationale fait baisser le prix des ouvrages de manufacture en raison des gains de productivité.

Conclusion

Le progrès de la puissance productive du travail tend à faire baisser le prix réel des ouvrages de manufacture et hausser la rente réelle de la terre. Si la rente et les salaires varient dans le même sens que la richesse de la société, il n'en est pas de même des profits qui, eux, tendent à baisser lorsque cette richesse augmente. C'est pourquoi la classe des marchands tend à défendre davantage ses intérêts particuliers que l'intérêt général.

Après avoir parcouru consciencieusement les pages un peu arides de cette longue digression, le lecteur assidu est récompensé de sa ténacité par deux découvertes surprenantes : d'une part, il retrouve l'idée déjà avancée au chapitre 9 du présent Livre selon

laquelle le taux de profit tend à baisser lorsque la richesse globale augmente. Un siècle plus tard, Marx approfondira cette idée avec sa théorie de la « baisse tendancielle des taux de profit ». D'autre part, et c'est peut-être encore plus surprenant, Smith affirme que l'Etat doit se méfier des propositions de « la classe de ceux qui vivent de profits » car l'intérêt particulier de ces derniers « est toujours, à certains égards, différent et même contraire à celui du public ». Cette position est totalement passée sous silence par les inconditionnels du capitalisme qui préfèrent ne retenir de son œuvre que les vertus magiques de la fameuse « main invisible ».

LIVRE II
De la nature des fonds ou capitaux, de leur accumulation et de leur emploi

Introduction

L'accumulation d'un capital est un préalable à la division du travail. Plus le capital s'accroît plus la division du travail progresse et plus la production augmente.

Chapitre 1 : Des différentes branches dans lesquelles se divisent les capitaux

Les fonds accumulés dans une société se répartissent en trois parties : le fonds de consommation, les capitaux fixes (ceux que leur propriétaire doit conserver pour en tirer un profit) et les capitaux circulants (ceux dont le propriétaire doit se dessaisir pour générer un profit).
Parmi les capitaux fixes on distingue : les machines, les bâtiments, les améliorations des terres et les talents acquis par les hommes. Les capitaux circulants sont les salaires, l'argent, les encours de production et les produits finis.

Marx reprendra ces deux notions et en donnera une définition plus pertinente : le capital fixe transmet progressivement sa valeur au produit tandis que le capital circulant la transmet instantanément en totalité.*

Chapitre 2 : De l'argent considéré comme une branche particulière du capital général de la société, ou de la dépense qu'exige l'entretien du capital national

L'argent est un des éléments du capital circulant de la société.
Il a les analogies suivantes avec le capital fixe :

- il a un coût de production,
- il ne fait pas partie du revenu net de la société (il n'est que l'expression de la valeur des biens et l'instrument de circulation des richesses),

- toute économie dans son entretien augmente le revenu net de la société.

L'émission de monnaie-papier permet de diminuer le coût d'entretien de l'argent et, avec le développement des comptes courants bancaires, de stimuler le commerce. En effet, le commerçant peut ainsi utiliser par avance ses recettes à venir pour développer son activité.

Cependant, l'émission de monnaie-papier ne doit pas excéder la quantité d'or et d'argent qu'elle doit remplacer pour éviter d'engorger les circuits financiers et provoquer une fuite de l'or et de l'argent. Les banques doivent donc faire preuve de prudence dans leur activité et, en règle générale, ne pas consentir de crédit au-delà des sommes que le commerçant aurait dû conserver en attendant de percevoir le produit de ses ventes.

Par ailleurs, il est souhaitable de réserver la monnaie-papier aux transactions entre commerçants en n'émettant pas de trop petites coupures. Cette disposition peut sembler contraire au principe de liberté naturelle mais *« l'exercice de [celle-ci] dans tout type de gouvernement qui pourrait compromettre la sûreté générale de la société est et doit être restreint par les lois. »*

Smith développe une conception de la politique monétaire qui peut sembler bien restrictive de nos jours. Il faut cependant replacer cette opinion dans le contexte de l'époque où elle a été émise, quelques années seulement après la faillite retentissante du système de Law en France. Cette thèse a été développée au 19e siècle par les tenants du « currency principle » et critiquée par Marx pour ses conséquences catastrophiques en période de crise (C Livre III section 4 chapitre 18).

Il est intéressant de noter par ailleurs que, malgré sa conviction que la liberté des acteurs économiques est génératrice de richesse, Smith prône sans ambiguïté l'interdiction de tout excès susceptible de nuire à l'intérêt général.

Sur le plan théorique, on verra également plus loin que son assimilation de l'argent à du « capital circulant » sera critiquée par Marx qui distingue, lui, « capital circulant » (moyens de production qui transmettent instantanément leur valeur au produit) et « capital de circulation* » (marchandises et argent).*

Chapitre 3 : Du travail productif et du travail non productif, de l'accumulation du capital

Le produit total du travail et de la terre d'une société se subdivise au départ en capital et revenus. Le capital sert à fournir de la subsistance au travail productif tout en permettant l'accumulation d'un capital supplémentaire, donc l'enrichissement de la société. Les revenus non épargnés servent à fournir de la subsistance au « travail non productif » en achetant des biens et services qui, pour certains, disparaissent dès qu'ils sont consommés. Lorsqu'ils financent l'achat de biens durables, ils peuvent contribuer à l'enrichissement de la société car ils fournissent de la subsistance au travail productif. Malgré, d'une part, la prodigalité ou l'imprudence de de certains, d'autre part les erreurs des gouvernements (guerres), la tendance à long terme est à l'accumulation du capital et l'enrichissement de la société. Cela est dû à la volonté naturelle de tout homme d'améliorer son sort, ce qui l'incite à accumuler à cet effet.

Voilà une définition du capital : c'est la partie de la richesse produite qui est épargnée pour alimenter le « travail productif » tandis que la partie consommée permet d'alimenter le « travail non productif ». La partie investie a vocation à s'accroître, ce qui génère l'enrichissement de la société.
Cette distinction entre « travail productif » (l'agriculture, l'artisanat, l'industrie) et « travail non productif » (les services) peut sembler bien désuète dans nos sociétés développées contemporaines où le secteur tertiaire est devenu prépondérant.
Cependant les méfaits de la désindustrialisation et les excès de la spéculation financière illustrent une évolution de l'économie capitaliste bien éloignée des principes de Smith dont se réclament pourtant encore les défenseurs de ce système.

Chapitre 4 : Des fonds prêtés à intérêt

Ce qu'un prêteur prête à un emprunteur, c'est, grâce à une somme d'argent qui n'est qu'un moyen, une délégation sur une partie du produit annuel en contrepartie d'une délégation sur des parties plus petites convenues annuellement (intérêts) et sur une égale partie à

terme (remboursement). Ce qui est délégué, ce n'est pas l'argent mais la valeur de cet argent. Ainsi, le même argent peut servir successivement à plusieurs prêts.
Plus la masse des capitaux augmente plus le taux de profit et le taux d'intérêt tendent à diminuer.
A masse de marchandises constante, la quantité d'argent en circulation détermine le prix nominal des marchandises mais n'a pas d'incidence sur le taux d'intérêt.
Le taux d'intérêt légal doit être fixé légèrement au-dessus du taux courant. S'il est trop bas il décourage le crédit, s'il est trop haut il encourage les affaires risquées ou spéculatives.
Plus le taux d'intérêt est bas plus la valeur des terres a tendance à augmenter puisque cette valeur correspond à une rente capitalisée (revenu annuel/taux d'intérêt).

On retrouve encore ici la mise en évidence de la tendance à la baisse du taux de profit au fur et à mesure que la masse des capitaux augmente.

Chapitre 5 : Des différents emplois des capitaux

Les capitaux sont toujours destinés à l'entretien du travail productif mais ils peuvent avoir plusieurs emplois différents :

- la fourniture de produits bruts (terre, mines, pêche)
- la fourniture de produits manufacturés
- le commerce de gros (intérieur, étranger ou de transport)
- le commerce de détail.

C'est la mise en valeur de la terre qui procure la plus grande richesse à la société car le travail productif des hommes qui s'y consacrent est complété par le travail naturel (gratuit) de la terre. Ensuite viennent dans l'ordre l'industrie et le commerce intérieur.
Le commerce intérieur a pour limite les productions excédentaires *(par rapport aux besoins de subsistance de leurs producteurs)* de toutes les parties du pays qui peuvent s'échanger entre elles. Le commerce étranger a pour limite les productions excédentaires de tout le pays. Le commerce de transport a pour limite les productions excédentaires de tous les pays.

Le commerce extérieur est utile même s'il ne concourt pas toujours directement à la richesse nationale. Parfois, seuls les profits de ce commerce y concourent.
Le commerce de transport est le signe d'une société riche mais non la cause de sa richesse.
L'affectation des capitaux étant guidée par la recherche du profit, il importe de savoir ce qui va motiver les investisseurs à utiliser leurs capitaux dans le sens le plus conforme à l'intérêt général.

Le développement du capitalisme a élargi cette gamme à la fourniture de biens immatériels et de services, dont certains étaient considérés par Smith comme du « travail improductif » (voir chapitre 3 ci-avant), ainsi bien sûr qu'à la finance.

LIVRE III
De la marche différente des progrès de l'opulence chez les différentes nations

Chapitre 1 : Du cours naturel des progrès de l'opulence

Le commerce de toute société consiste initialement en un échange du produit brut de la campagne contre le produit manufacturé de la ville.
Dans le cours naturel des choses, la majeure partie du capital d'une société naissante va d'abord vers l'agriculture, puis la manufacture et enfin le commerce étranger. Cependant, cet ordre naturel a été bouleversé dans plusieurs Etats modernes.

En dehors du « commerce étranger », Smith ne parle pas du secteur tertiaire, embryonnaire à son époque.

Chapitre 2 : Comment l'agriculture fut découragée en Europe après la chute de l'Empire romain

Après la chute de l'empire romain occidental, la concentration des terres par la violence entre un petit nombre de propriétaires, plus soucieux de maintenir leur pouvoir que de mettre en valeur leur propriété, a entraîné une régression de l'agriculture et perturbé le commerce entre la ville et la campagne. Les lois sur la « primogéniture » (attribution de la totalité de la terre d'une famille au seul aîné garçon ou, à défaut, fille) et les « substitutions » (interdiction de morceler les terres par vente) ont maintenu pendant des siècles cette situation.
Progressivement et à un rythme inégal selon les pays, on est passé du servage au métayage puis au fermage. Le statut du paysan est resté cependant dévalorisé, ce qui a découragé les capitaux de s'investir dans l'agriculture. Celle-ci a également été pénalisée par les lois de prohibition d'exportation des grains et les entraves au commerce intérieur.

A toute époque et sous tous les régimes, le prix de la terre, sa répartition et le régime de la production agricole sont des sujets cruciaux.

Chapitre 3 : Comment les villes se formèrent et s'agrandirent après la chute de l'empire romain

Historiquement, les villes se sont émancipées avant les campagnes. Progressivement, les rois ont accepté que les bourgeois des villes payent leurs impôts sous forme d'une rente annuelle fixe, le cens de la ville. En contrepartie les habitants des villes ont acquis le droit de se marier, de se déplacer et de commercer. Toutes ces concessions faites par les rois étaient motivées par leur volonté de s'appuyer sur les bourgeois des villes pour contrer l'influence des seigneurs.
Quelques villes, notamment certaines villes italiennes, ont profité des croisades, *« la frénésie la plus ruineuse qui ait jamais aveuglé l'Europe »,* pour se développer par le commerce et le transport.
Le développement des villes a favorisé l'amélioration des cultures qui, en retour, a permis un nouvel enrichissement des villes.

La critique sans appel que fait Smith des croisades est une illustration de sa liberté d'esprit. Elle est cohérente avec sa conception du caractère « improductif » des activités militaires.

Chapitre 4 : Comment le commerce des villes a contribué à l'amélioration des campagnes

Le commerce et les manufactures de la ville concourent à l'amélioration des campagnes de trois façons :

- en assurant un débouché proche à la production agricole
- en investissant dans l'amélioration des terres une partie du profit du commerce et des manufactures
- en assurant la sécurité des activités.

Initialement, les grands propriétaires terriens avaient une autorité quasi absolue sur tous les gens vivant sur leurs terres, à tel point qu'ils y exerçaient la justice. Les lois féodales visaient à limiter un peu leurs pouvoirs par un système d'allégeance à leur suzerain et au roi.
Cependant, ce que les lois féodales n'avaient pu faire, le développement des manufactures l'a réussi : en offrant des débouchés à l'excédent de produit revenant aux seigneurs, il a incité ceux-ci à dépenser cet excédent pour eux-mêmes et, de

moins en moins, à entretenir leur suite. Cela a affaibli progressivement leur pouvoir d'autant que, pour augmenter leurs revenus, ils ont consenti des baux de plus en plus longs.
La garantie de pérennité de richesse d'un pays suppose qu'une part suffisante des capitaux soit investie dans la terre et que l'agriculture soit encouragée.

Marx développera plus largement cette analyse de la destruction de l'ordre médiéval par le capitalisme.

LIVRE IV
Des systèmes d'économie politique

Cette quatrième partie traite de l'économie politique, dont l'objet est d' *« enrichir à la fois le peuple et le souverain »*.
Elle analyse deux systèmes différents de pensée dans ce domaine : le système mercantile et le système de l'Agriculture (*développé par les physiocrates*).

Chapitre 1 : Du principe sur lequel se fonde le système mercantile

Les mercantilistes pensent que la richesse d'un pays se mesure à la quantité d'or et d'argent qu'il possède. C'est sur la base de cette théorie que de nombreux pays ont d'abord prohibé l'exportation d'or et d'argent.
Les marchands, que cette interdiction gênait, ont argué qu'il était impossible d'empêcher la circulation de l'argent excédentaire, que le commerce étranger ne diminuait pas nécessairement la quantité d'argent dans le pays et que le renchérissement des importations engendré par la prohibition entraînait une dégradation du taux de change, donc une sortie d'argent. Si les deux premiers arguments étaient justes, le troisième était discutable : d'une part le prix de la fraude était payé dans le pays d'origine, d'autre part le renchérissement des prix des marchandises étrangères freinait leur consommation, ce qui rééquilibrait le taux de change.
Le gouvernement n'a pas plus à se soucier de la quantité d'argent dans son pays que celle de n'importe quelle autre marchandise car ces quantités se règlent naturellement par le jeu de l'offre et la demande.
Bien que beaucoup de gens se plaignent de la rareté de l'argent, notamment en période de croissance, il ne sert à rien pour un pays de conserver de l'argent en excédent des besoins de sa production car cet excédent, facile à transporter, repartira nécessairement à l'extérieur.
Pour soutenir des guerres extérieures, les gouvernements ont utilisé d'abord des trésors accumulés. Désormais, le meilleur moyen de financer une guerre est l'exportation de produits manufacturés, comme l'a fait l'Angleterre dans sa guerre contre la France.

Le principal avantage d'un commerce étranger, ce n'est pas l'argent qu'un pays en retire, ce sont les débouchés qu'il procure à ses productions. Si ce commerce n'a pas toujours été ou aussi avantageux ou mutuellement avantageux c'est à cause des restrictions qui y ont été apportées ou de la barbarie des européens.
Il y a plusieurs moyens de freiner les importations (taxes, interdictions) ou d'encourager les exportations (primes, restitutions de taxes, colonies, accords particuliers).

Smith est clairement favorable à la liberté du commerce intérieur et extérieur : en cela il développe une critique méthodique de la thèse mercantiliste selon laquelle la richesse d'un pays se mesurerait à la quantité d'argent qu'il possède.

Chapitre 2 : Des entraves à l'importation seulement des marchandises qui sont de nature à être produites par l'industrie

Les entraves à l'importation renchérissent le coût des subsistances et donc du travail à l'intérieur d'un pays.
La tendance naturelle de l'activité humaine est d'orienter les capitaux et le travail vers les branches procurant le plus grand produit pour une dépense donnée. En recherchant leur intérêt personnel les agents économiques concourent ainsi, sans le vouloir, à l'intérêt général, comme s'ils étaient guidés en cela par une « main invisible ».
Cependant, les entraves à l'importation peuvent s'avérer justifiées lorsqu'elles répondent à un objectif de sûreté nationale ou lorsqu'elles sont utilisées en rétorsion à des mesures similaires de la part de pays étrangers.
En cas de suppression d'entraves à l'importation, il convient d'agir avec prudence et progressivité de façon à éviter les conversions brutales. Cependant, on peut penser que la reconversion d'ouvriers de manufacture ne sera pas plus difficile à réaliser que la réinsertion dans la vie civile de milliers de soldats démobilisés. D'autre part, la suppression d'une prohibition ne touche pas les secteurs traditionnellement exportateurs.

Voilà la fameuse « main invisible », évoquée à maintes reprises depuis l'époque de Smith pour célébrer les vertus du capitalisme.

On verra plus loin que Marx apportera une sérieuse nuance à cette vision optimiste : la tendance naturelle du système capitaliste n'est pas de maximiser le produit mais le profit, ce qui n'est pas tout à fait la même chose. Dans quelle mesure l'augmentation du profit entraîne-t-elle celle du produit ? C'est un vieux débat.
On peut remarquer par ailleurs que, malgré son libéralisme économique affiché, Smith est loin de récuser toute exception au principe du libre échange, prônant notamment la « réciprocité », idée reprise par plusieurs candidats à l'élection présidentielle française de 2012.

Chapitre 3 : Des entraves extraordinaires apportées à l'importation des pays avec lesquels on suppose la balance du commerce défavorable

La balance du commerce avec un pays étranger ne reflète pas nécessairement la variation de richesse entre les deux pays :

- c'est la somme totale des importations qui importe et non la valeur des importations en provenance d'un pays particulier,
- une partie des importations en provenance d'un pays peut être réexportée avec profit,
- il n'est pas facile de chiffrer exactement la valeur des importations.

Le cours du change pourrait refléter le rapport des échanges entre deux pays mais cet indicateur lui-même est imprécis car il peut varier en fonction de la teneur respective en métal précieux des monnaies des deux pays, de la prise en charge des frais de monnayage ou de la présence ou non d' « argent de banque » comme à Amsterdam et Venise.
L'argent de banque est un titre de créance sur une banque obtenu en contrepartie d'un dépôt de métal précieux. Il remplace ce métal précieux dans le paiement de transactions importantes.

Digression :
En contrepartie du dépôt de métal précieux, la banque donne de l'argent de banque en prélevant un agio (par exemple 5%). Elle donne aussi un récépissé qui permettra à un détenteur d'argent de banque de lui acheter du métal précieux. Dans ce cas, la banque

rachète l'argent de banque moins cher (par exemple avec un agio de 4%). Pour éviter les spéculations de la part des titulaires de récépissés qui ont intérêt à ce que l'argent de banque soit le moins cher possible (agio faible à l'achat d'argent de banque) et de détenteurs d'argent de banque qui ont intérêt à ce que l'argent de banque soit le plus cher possible (agio fort à l'achat), la banque d'Amsterdam a décidé de maintenir des taux d'agio fixes à l'achat (5%) et à la vente (4%). Ce système prémunit les négociants des incertitudes sur la valeur effective des différentes monnaies métalliques en cours.

Au-delà de ces considérations, toute exportation accroît les revenus du pays exportateur et la quantité d'industrie qui y est mise en œuvre. Si l'on fait abstraction des considérations militaires, la richesse d'un pays est de ce point de vue source de richesse potentielle pour un autre. Ce fait est masqué par les marchands qui attisent l'animosité entre les nations et, contre l'intérêt des peuples, cherchent à s'assurer des monopoles.
Ce qui importe pour une nation, ce n'est pas la balance du commerce mais la balance entre production et consommation.

Le solde commercial d'un pays n'est pas à lui seul un indicateur pertinent de sa richesse. Ce n'est donc pas à partir de ce critère qu'il faudrait se priver des bienfaits du commerce international. La seule vraie limite à cette ouverture, c'est qu'un pays ne saurait durablement consommer plus qu'il ne produit.

Chapitre 4 : Des drawbacks (restitutions de droits à l'importation)

La restitution de droits perçus à l'importation de produits, s'ils sont réexportés, est une mesure raisonnable dans la mesure où elle permet une répartition des allocations de capitaux proche de ce qu'elle aurait été s'il n'y avait pas eu de droits à l'importation. Elle tend à favoriser le commerce de transport. Cependant, si la réexportation se fait vers une colonie où il n'y a pas de concurrence, cette restitution est une pure perte pour l'Etat *(puisque la réexportation aurait quand même eu lieu sans cette aide.)*

Le mécanisme de la TVA respecte ce principe : l'exportation est nette de TVA dans le pays de départ et l'exportateur récupère la TVA payée à l'importation.

Chapitre 5 : Des primes

Les primes à l'exportation du blé tendent à renchérir le prix en argent du blé sur le marché intérieur et à faire baisser le prix des marchandises importées, au détriment de la production locale.
En restreignant la demande intérieure, elles n'encouragent nullement de nouveaux capitaux à s'investir dans la culture du blé. Elles reviennent à lever sur le peuple un double impôt : celui qui finance les primes et celui qui correspond au renchérissement du prix du blé, lequel entraîne, par voie de conséquence, celui de toutes les autres denrées. Cette inefficacité de la mesure est due au fait que le blé est le produit dont le prix règle celui de tous les autres produits. Une prime à la production aurait un effet différent car elle ferait baisser le prix du produit bénéficiaire sur le marché intérieur.
Les primes à la pêche du hareng, bien que ressemblant à des primes à la production, ont des effets contestables car, pour produire le hareng marchand il faut importer beaucoup de sel étranger. En outre, ces primes, accordées de manière sélective, ont découragé la pêche par bateau dans les « lacs de mer » écossais et n'ont de ce fait pas entraîné de baisse de prix.
Quoi qu'il en soit, si de telles primes sont acceptables en période de prospérité, elles n'ont aucun sens lorsque les revenus de L'Etat deviennent plus rares.

Digression :
Dans cette digression sont examinés quatre types de commerces : le commerce intérieur, l'importation, l'exportation et l'import-export.
Dans le commerce intérieur, l'intérêt du marchand coïncide, paradoxalement, avec celui du consommateur. Son intérêt est de gérer au mieux la distribution des produits, que l'on soit en période d'abondance ou en période de pénurie. S'il stocke de la marchandise en période d'abondance pour faire remonter les prix, cette marchandise sera utile en période de pénurie. En d'autres

termes, en spéculant il « lisse » la consommation et évite les pénuries trop dures.
Il en va différemment avec l'exportateur qui peut avoir intérêt à servir un marché extérieur plus rémunérateur au détriment des consommateurs de son propre pays. Cependant, l'existence de débouchés externes est un puissant encouragement au développement d'une culture, ce qui est bénéfique aussi pour le marché interne.
L'importation tend à faire baisser le prix en argent d'un produit, donc à hausser la valeur de l'argent. Cela n'est pas défavorable aux producteurs nationaux car la hausse de la valeur de l'argent tend à faire baisser le prix de toutes les autres marchandises.
Les restrictions apportées au commerce de transport *(import-export)* en Grande Bretagne ont un peu les mêmes inconvénients que les restrictions à l'exportation d'or en provenance d'Espagne et du Portugal : en faisant baisser la valeur de l'argent elles tendent à freiner l'essor des affaires. En Grande Bretagne cette tendance est contrebalancée par la liberté des individus.

Aujourd'hui, les dirigeants des grandes institutions économiques internationales : Union Européenne et Organisation Mondiale du Commerce notamment, ne font plus de distinction entre primes à la production et primes à l'exportation. A leurs yeux, toute aide publique à la production est potentiellement une aide à l'exportation et doit donc être proscrite au nom de la « concurrence libre et non faussée ».

Chapitre 6 : Des traités de commerce

Les traités de commerce peuvent garantir à un pays un monopole d'exportation vers un autre pays, ce qui tend à hausser le prix des produits ainsi achetés par ce pays. Cependant, si en contrepartie celui-ci parvient à vendre ses produits à un prix excédant ses coûts de production, le traité n'est pas désavantageux, bien que le gain soit moindre que s'il y avait liberté de commerce.
L'accord commercial de 1703 entre l'Angleterre et le Portugal visait essentiellement, pour l'Angleterre, à importer de l'or. Pour cela elle acceptait de vendre des lainages au Portugal à meilleur compte qu'elle n'achetait son vin. La seule explication de ce traité

réside dans les préjugés mercantilistes qui le sous-tendaient. En réalité, par un commerce extérieur de consommation direct, l'Angleterre aurait pu se procurer à meilleur compte les ressources nécessaires à ses importations.
Ce sont les mêmes préjugés mercantilistes qui ont poussé à la suppression des droits de monnayage. En réalité, l'argent passant de main en main, personne ne supporte le droit de monnayage qui procure un revenu à l'Etat. En outre, le droit de monnayage limite la tendance à fondre la monnaie pour la monnayer et profiter de la différence de poids d'or entre un lingot et des pièces de même valeur théorique.

Les traités commerciaux ne sont pas toujours avantageux pour les deux parties.

Chapitre 7 : Des colonies

Section 1 : Des motifs qui ont fait établir de nouvelles colonies
Dans l'Antiquité, des colonies ont été établies par nécessité par les grecs en raison de l'exiguïté de leur territoire et l'augmentation de leur population. Chez les romains, le motif était autre : il s'agissait de surveiller les territoires conquis. L'établissement des colonies au 16e siècle a été motivé, quant à lui, par la perspective d'ouvrir des mines d'or et d'argent.

Section 2 : Causes de la prospérité des colonies nouvelles
L'abondance des terres cultivables et des débouchés potentiels sont de puissants facteurs de prospérité des nouvelles colonies. A la différence des pays anciens où la rente et le profit font pression sur les salaires, dans ces pays, l'abondance des terres réduit la rente à zéro et le capital a intérêt à bien payer les salariés qui sont en nombre insuffisant(*). Cependant, cette tendance peut être entravée par les impôts prélevés par la métropole ou les obstacles à l'activité créés par une Compagnie exclusive ou ses agents pour leurs intérêts particuliers. Elle peut être gênée aussi par les monopoles commerciaux instaurés par les métropoles. Malgré ces entraves, certaines colonies se sont développées plus que d'autres, notamment la colonie américaine. Cela tient à une moindre pression fiscale ainsi qu'à la qualité de son système institutionnel

et législatif particulièrement favorable à l'activité économique. Globalement, l'essor des colonies est aussi largement dû à la qualité de l'éducation reçue par les immigrants dans leurs pays d'origine européens.

Section 3 : Des avantages que peut retirer un pays de la découverte de colonies nouvelles

Un pays peut retirer de ses colonies un avantage militaire et une source de revenus. Ainsi, les colonies romaines procuraient à l'Empire les deux avantages et les colonies grecques le premier des deux pour les cités dont elles étaient issues. Les colonies fondées aux Indes occidentales (Amérique) et orientales (Asie) ont surtout fourni un formidable marché nouveau aux métropoles européennes, bien que cet avantage ait été en fait minoré par les monopoles commerciaux qui y ont été instaurés. En faisant hausser le taux de profit d'une minorité de marchands, ces monopoles ont en effet détourné les capitaux d'emplois plus utiles à l'intérêt général au sein des sociétés européennes. En Espagne et au Portugal, cet obstacle s'est conjugué avec les effets désastreux de l'interdiction d'exporter les métaux précieux, mesure qui a dégradé la valeur de ces métaux à l'intérieur de ces pays du fait de leur surabondance, et des lourdes taxes prélevées aussi bien sur les exportations que les importations.

La découverte de l'Amérique et du cap de Bonne Espérance ont été des évènements historiques majeurs. Elles ont entraîné de graves injustices dues à la disproportion des forces entre les pays européens et ces nouveaux pays. On peut penser néanmoins qu'à long terme ces forces se ré équilibreront [(**)] et que le bilan global de ces découvertes sera positif du fait de l'augmentation réciproque de jouissances et d'industrie engendrée par le commerce de tous les pays du monde avec tous les pays du monde. Cette tendance générale est cependant entravée par l'influence néfaste des Compagnies exclusives.

[(*)] *Marx prolonge cette analyse en montrant (C Livre I section 7 chapitre 25) comment, aux Etats-Unis, les capitalistes ont contourné cette difficulté : en rendant arbitrairement les terres payantes, ils ont obligé les nouveaux arrivants à se salarier pendant quelques années pour économiser de quoi acheter une*

parcelle. Ils ont ainsi fabriqué une surabondance de salariés pour faire baisser les salaires.
(**)Cette prévision s'est avérée partiellement exacte : aujourd'hui, les Etats-Unis sont la première puissance mondiale et les colonies asiatiques d'hier dominent le commerce international. Tous les rapports de domination n'ont pas pour autant disparu.

Chapitre 8 : Conclusion du système mercantile

Le mercantilisme tend généralement à décourager les importations et encourager les exportations. Il arrive cependant qu'il encourage les importations et décourage les exportations. Ainsi, les lois anglaises encouragent l'importation et découragent les exportations de matières premières de manufactures : fils, laine, cuirs par exemple. Cela tend à faire baisser le prix et la qualité de ces matières à l'intérieur du pays.
Par ailleurs les encouragements à l'exportation tendent à faire hausser le prix des produits concernés du fait de la raréfaction de l'offre à l'intérieur du pays exportateur. Ainsi le consommateur paye deux fois : la prime à l'exportation à travers les impôts et la hausse du produit induite par cette prime.
Le mercantilisme sert donc uniquement les intérêts de la classe des marchands et manufacturiers tandis que c'est la société tout entière qui supporte les coûts liés à l'instauration du monopole du commerce dans les colonies.

Si le mercantilisme a eu des effets négatifs en ne favorisant qu'une classe sociale, il a été un facteur important de l'accumulation capitaliste, comme le montrera Marx.

Chapitre 9 : Des systèmes agricoles ou de ces systèmes d'économie politique qui représentent le produit de la terre soit comme la seule, soit comme la principale source de revenu et de la richesse nationale
Selon les physiocrates, les agents économiques se répartissent en trois classes :

- les propriétaires fonciers,
- les salariés et exploitants agricoles qui constituent la classe productive,

- tous les autres agents, y compris les artisans et manufacturiers, qui constituent la classe improductive.

Les artisans et manufacturiers sont dits « improductifs » car ils consomment tout le produit de leur travail, alors que les agriculteurs dégagent un « produit net » permettant de payer la rente.

La pensée des physiocrates constitue un progrès par rapport à la pensée mercantiliste car elle a une conception plus juste de la richesse d'un pays : celle-ci ne correspond pas au stock d'argent qui y réside mais à la quantité de biens consommables produits chaque année par le travail de la société.

L'idée selon laquelle les agriculteurs seraient les seuls productifs mérite cependant plusieurs critiques :

- s'ils ne génèrent pas un « produit net » (la rente), les artisans et manufacturiers reproduisent le fonds qui leur permet de travailler (*en d'autres termes, le capital initial*),
- ils produisent des objets ayant une valeur vénale, à la différence des domestiques dont le service disparaît dès lors qu'il est rendu,
- ce n'est pas parce qu'ils consomment tout leur produit qu'ils ne produisent pas. Par exemple, s'ils produisent 10£ et consomment 10£ d'autres produits, le produit global de la société est bien de 20£ et non 10,
- quelle que soit la nature du travail, l'augmentation de la quantité de travail dépend de l'augmentation de la quantité de capital qui le tient employé. Or, cette augmentation ne peut provenir que d'une épargne sur les revenus de ceux qui gèrent ce capital[*],
- si on mesure la richesse d'une société à la quantité de produit que peut lui procurer son travail, on doit constater qu'une quantité donnée de produit manufacturé permet d'acheter une quantité plus grande encore de produit brut.

Historiquement, la Chine, l'Inde et l'Egypte ont privilégié l'activité agricole qui générait pour l'Etat des ressources importantes. L'étendue du marché intérieur en Chine et en Inde a permis également le développement de la manufacture et l'artisanat, bien que ce développement ait été freiné par la faiblesse du commerce extérieur. A Rome, ce développement a été freiné par le fait que

ces activités étaient fondées sur l'esclavage, ce qui les rendait peu productives.
En définitive, le développement des manufactures est favorable à l'agriculture car il assure un débouché à ses produits. L'Etat doit donc créer les conditions d'une liberté naturelle de l'activité qui est la plus à même de garantir la richesse d'une nation.
A cette fin il a trois devoirs à remplir : garantir la sécurité, administrer la justice et assurer des services publics. Le chapitre suivant examine les ressources nécessaires pour exercer ces missions.

(*) *Marx développe cette idée avec sa notion de « reproduction élargie » (C Livre II section 3 chapitre 13) : le capital ne peut augmenter que si une partie du profit est distraite de la consommation du capitaliste pour être réinvestie.*

LIVRE V
Du revenu du souverain ou de la République

Chapitre 1 : Des dépense à la charge du souverain ou de la République

Les dépenses à la charge d'un Etat (monarchie ou République) sont de plusieurs ordres :

1 - La défense nationale

La défense d'un groupe de chasseurs ou de pasteurs n'exige qu'une dépense modique de la part du souverain car chaque membre de la société est à même de subvenir à ses besoins et de participer à l'activité militaire en période de guerre. Avec le développement des manufactures et la division du travail, les penchants et vertus guerriers s'émoussent. Par ailleurs, l'art de la guerre devient plus complexe avec les progrès techniques. Il devient donc nécessaire d'entretenir une armée pour se défendre contre les menaces étrangères. L'entretien de troupes régulières et le développement des armes à feu assurent la supériorité des nations les plus riches et les plus développées.

2 - L'administration de la justice

Dans les sociétés de chasseurs chacun ne possède que peu de biens propres et les litiges ne portent que sur des questions personnelles. Les besoins en matière de justice sont donc minimes.

La nécessité d'institutions judiciaires augmente avec le développement de la propriété. En protégeant ce droit, ces institutions défendent souvent les intérêts des plus riches contre ceux des autres membres de la société. Pour être efficace et non corrompue, la Justice doit être indépendante du pouvoir exécutif et être payée, au moins en partie, par des impôts. Elle peut néanmoins donner lieu aussi à des honoraires.

3 - Les travaux et établissements publics

Sous cette appellation on range d'une part les équipements propres à favoriser le commerce, d'autre part les dépenses liées à l'instruction et l'éducation, qu'elles concernent la jeunesse ou l'ensemble de la société.

En ce qui concerne l'encouragement du commerce, on distingue celui destiné à l'ensemble de la société (par exemple, les voies de

communication) et celui destiné à une branche particulière (par exemple, un établissement militaire dans une colonie).
S'il semble juste que les utilisateurs d'une voie de communication contribuent à son entretien, la participation de l'Etat est souvent nécessaire, notamment pour les routes. Cette intervention se justifie lorsque l'exploitation n'est pas suffisamment rentable pour intéresser une compagnie privée ou lorsque celle-ci peut se permettre de privilégier le court terme au détriment de l'intérêt général (par exemple, à la différence d'un canal, une route mal entretenue peut encore être utilisée).
En ce qui concerne l'encouragement du commerce étranger, les soutiens accordés à des sociétés par actions (monopoles commerciaux, droit de percevoir des taxes) se sont très souvent avérés contre-productifs : les possessions de l'Etat ont été mal gérées et le commerce entravé. Les seuls domaines où l'intervention de sociétés par actions se justifie sont : la banque, les assurances, l'entretien des voies navigables et l'adduction d'eau.
<u>L'instruction</u> de la jeunesse est souvent mieux assurée par des professeurs dont la rémunération est directement liée à la qualité de leurs cours. Toutefois, l'Etat doit encourager l'instruction des classes populaires pour éviter un avilissement général de la société propice aux désordres. Cette nécessité est renforcée par le développement de la division du travail qui réduit l'éventail des compétences et connaissances nécessaire à chaque homme pour assurer sa subsistance. Une prise en charge partielle des dépenses liées à cette instruction va donc dans le sens de l'intérêt général.
L'instruction des personnes de tout âge a principalement pour objet l'instruction religieuse.
A l'origine, les religieux vivent des offrandes du public. Ils ont donc tout intérêt à gagner les faveurs des gens par une conduite exemplaire et par une très forte implication personnelle dans leurs prédications. Tant que le commerce des biens est limité, l'accroissement de leur richesse renforce leur pouvoir car ils redistribuent leurs surplus, comme les seigneurs de l'époque. Ce renforcement de leur pouvoir leur permet d'exiger de l'Etat qu'il interdise toute autre religion concurrente et qu'il les dispense de toute taxe. Cependant, avec le développement des manufactures, les surplus d'argent trouvent à s'échanger contre des biens matériels. La générosité des religieux diminue, ils sont moins

enclins à mener une vie exemplaire et leur popularité s'amenuise. Cela permet à de nouveaux prédicateurs de gagner les faveurs du public en prêchant la réforme et à certains souverains de saisir l'occasion de s'extraire du pouvoir de l'Eglise en installant une nouvelle religion (anglicane en Angleterre, protestante dans le Nord de l'Europe).
Les Etats ont tout intérêt à se préserver des excès engendrés par les sectes que sont les religions, lesquelles ont souvent intérêt à développer la superstition et le fanatisme. Par ailleurs, il est important de promouvoir les divertissements parmi le peuple : arts et culture, comme antidote au risque sectaire.

Ce chapitre très large dans son objet contient nombre de réflexions intéressantes et parfois paradoxales. On y découvre notamment la méfiance de l'auteur vis-à-vis des sociétés par actions et des risques qu'elles font courir à l'Etat lorsqu'elles ont trop de pouvoirs. Si Smith ne voit rien à redire à leur intervention dans le secteur bancaire, « activité routinière » selon lui, il ne dirait sans doute pas la même chose aujourd'hui dans le contexte de spéculation financière que nous subissons.
Quant à sa méfiance vis-à-vis des possibles excès fanatiques des religions, elle reste également d'actualité. Par ailleurs, son analyse de la perte d'influence de l'église catholique à partir du 16e siècle, analogue à celle relative aux seigneurs, est une illustration supplémentaire de la destruction de l'ordre médiéval par le capitalisme.

Chapitre 2 : Des sources du revenu général de la société ou du revenu de l'Etat

Section 1 : Des fonds ou revenus de l'Etat qui peuvent appartenir au souverain ou à la république
Les revenus du souverain peuvent provenir de fonds appartenant à l'Etat : produit de terres, intérêts sur capitaux prêtés ou autres. Néanmoins, l'essentiel des recettes publiques dans les nations développées doit provenir de l'impôt.

Section 2 : Des impôts

Les revenus de toute société se résolvent toujours en salaires, profits et rentes. Par conséquent, tout impôt affecte l'un ou l'autre de ces revenus ou tous indistinctement.

L'impôt doit respecter quatre principes :

- être proportionnel aux revenus des contribuables,
- être certain et non arbitraire,
- être le plus pratique et le plus indolore possible dans ses modalités de recouvrement,
- générer le moins possible de frais et délais de perception.

Art. 1 : impôts sur les rentes des terres et les loyers des maisons

L'impôt sur les rentes des terres, ou taxe foncière, est d'une perception relativement aisée s'il est fondé sur une évaluation fixe de la valeur de chaque terrain. Dans ce cas il n'est pas proportionnel au revenu des contribuables mais, de ce fait, il ne décourage en rien l'activité du fermier et l'attention du propriétaire, surtout si celui-ci exploite en propre une partie de son terrain. Dans certains pays, l'Eglise et la noblesse sont exemptées de cet impôt ou ne payent qu'un impôt allégé (*observation faite, rappelons-le, juste avant la Révolution française*).

L'impôt sur les produits de la terre, tel que la dîme, est payé par le tenancier mais supporté en réalité par le propriétaire puisqu'il influe sur le fermage que le tenancier peut payer au propriétaire. En apparence proportionnel, donc équitable, il est en réalité très inégal car, pour un produits donné, la répartition entre le fermage (rente versée au propriétaire) et le revenu restant au fermier pour reconstituer le capital avancé et assurer sa subsistance, est très variable selon la fertilité de la terre.

On peut supposer les loyers des maisons comme composés d'une part du loyer des bâtiments et d'autre part de la rente du sol.

Le loyer du bâtiment doit permettre au propriétaire d'entretenir ce bâtiment et de rémunérer le capital investi. Le taux de cette rémunération peut fluctuer (par exemple de 4 à 7,5%) mais, s'il s'écarte de la rémunération moyenne des capitaux, un ajustement s'opère entre les capitaux des différentes branches d'activité et il finit par revenir au taux moyen.

Le loyer du sol est variable selon la localisation. Il a tendance à monter dans les grandes villes. Un impôt payé par le locataire sur

son loyer tend à se répartir entre le propriétaire et le locataire par le jeu de l'offre et la demande : le locataire aura tendance à se reporter vers un logement moins cher, ce qui, en réduisant la demande sur le logement plus cher, poussera le propriétaire à baisser le loyer.
Comme le loyer d'une maison se paie pour l'usage d'une chose non productive (*c'est de la consommation*) et que le propriétaire en jouit sans soin ni attention à donner (notamment pour la partie correspondant au loyer du sol), un impôt sur ce type de revenu n'est pas de nature à décourager l'activité. Par ailleurs, comme les riches ont tendance à consacrer une plus grande partie de leur revenu à cette dépense, un impôt sur les loyers est de fait progressif selon les revenus, ce qui n'est pas déraisonnable.

Art. 2 : impôts sur le profit ou sur le revenu provenant de capitaux

On peut considérer que les revenus du capital se divisent en intérêts et en compensation du risque et de la peine prise à employer le capital. S'il ne semble pas convenable d'imposer cette seconde partie, les intérêts sont tout aussi susceptibles d'être taxés que les revenus de la terre. En effet, de même que la taxation des fermages ne fait pas augmenter ceux-ci, la taxation des intérêts n'aura pas d'incidence sur leur taux, celui-ci étant uniquement fonction du rapport entre la masse des capitaux disponibles (*l'offre*) et la masse des affaires exigeant des capitaux (*la demande*).
Cependant, deux différences existent par rapport à l'impôt sur les revenus de la terre : l'évaluation de l'assiette est beaucoup plus délicate et, par ailleurs, les capitaux sont beaucoup plus mobiles que la terre : *« le propriétaire de la terre est nécessairement citoyen du pays où se trouve la terre. Le propriétaire du capital est proprement citoyen du monde. »*
C'est pourquoi toute évaluation de l'assiette d'un impôt sur les revenus du capital doit se faire à un niveau suffisamment inférieur à la réalité pour que les assujettis ne soient pas tentés de faire partir leurs capitaux.
Les impôts sur les profits de certains emplois sont supportés, en fin de compte, par les consommateurs dans les manufactures et par les propriétaires fonciers pour les produits des fermes. La « taille personnelle » française est l'impôt le plus important prélevé sur les

capitaux affectés à l'agriculture. Les « capitations », basées sur le nombre d'esclaves ou de serfs d'une exploitation, en sont un autre exemple dans certains pays. La taille personnelle est relativement inefficace car elle tend à diminuer le produit taxé en décourageant l'investissement du fermier. Un impôt sur les profits de capitaux dans certains emplois ne peut se répercuter sur les prêteurs car, par le jeu de la concurrence, les capitaux vont s'orienter vers les secteurs non concernés par cet impôt. Il en va différemment si celui-ci porte sur les revenus provenant de capitaux dans tous les emplois.

Les impôts sur la valeur en capital des terres, immeubles et fonds mobiliers sont assis non sur les revenus des biens mais sur leur valeur en capital dont ils retranchent une partie. Ils peuvent consister en des droits de succession ou des droits sur les cessions entre vifs. Ils peuvent prendre la forme de droits de timbre et d'enregistrement. Les droits d'enregistrement d'hypothèques sont bénéfiques pour les transactions car ils les sécurisent. En diminuant la valeur des biens, ces impôts tendent à diminuer le fonds destiné à l'entretien du travail productif. (*Cette remarque très générale est fondée si le bien concerné est professionnel mais pas s'il s'agit d'un logement, dont Smith dit par ailleurs que les revenus n'entretiennent pas de travail productif*).

Les impôts sur les salaires sont payés, en définitive, par les consommateurs pour les produits manufacturés et par les propriétaires terriens pour les produits agricoles en raison de la diminution de la rente payée par les fermiers, ceux-ci préservant ainsi leur taux de profit.

L'impôt de capitation est arbitraire s'il est assis sur la fortune présumée du contribuable, il est inégal s'il est établi forfaitairement en fonction du rang social. Il est donc difficile à manier.

Tout impôt sur les objets de consommation est payé, en fin de compte, par le consommateur ou le propriétaire de la terre. L'impôt sur la consommation de biens de première nécessité tend à faire augmenter les salaires et à diminuer le profit des employeurs. Il se répercute donc sur les classes supérieures. L'impôt sur la consommation de produits « de luxe » est sans incidence sur les salaires. Il est donc plus efficace puisqu'il ne freine pas l'activité économique.

En Grande Bretagne, les principaux impôts sur la dépense sont les accises et les droits de douane. Comme les règles sont uniformes dans tout le pays la concurrence y est libre, ce qui génère de la prospérité. Celle-ci serait plus grande encore si ces règles étaient étendues à l'Irlande et aux colonies.
En France, les règles varient d'une province à l'autre et une partie des impôts est affermée. Il en résulte une grande déperdition de ressources pour l'Etat et un fort sentiment d'oppression face à l'impôt alors que le rendement de celui-ci est médiocre. Il faudrait simplifier ces règles, les unifier et confier toute la perception à des agents de l'Etat.

Ce long chapitre sur la fiscalité garde pour l'essentiel tout son sens aujourd'hui où l'on retrouve la plupart des catégories d'impôts décrites par Smith :

- *impôt sur la rente foncière : foncier non bâti, impôt sur le revenu*
- *impôt sur les loyers : taxe d'habitation, taxe de droit de bail*
- *taxation des intérêts : prélèvement libératoire ou impôt sur le revenu*
- *impôt sur la valeur en capital des biens : impôt sur la fortune (les biens professionnels sont exonérés)*
- *impôt sur les salaires : taxe sur les salaires pour les branches d'activité non assujetties à la TVA*
- *impôt sur les objets de consommation : TVA avec taux majoré pour les produits de luxe et taux minoré ou exonération pour les biens de première nécessité, droits de douane résiduels.*

On notera également que la description du système fiscal français quelques années seulement avant la Révolution de 1789 est saisissante de pertinence et de lucidité : l'incapacité du régime monarchique à réformer ce système archaïque et injuste s'est avérée une des causes majeures de sa chute.
On remarquera enfin que l'évasion fiscale existait déjà du temps de Smith et que le capitalisme qui prenait son essor à son époque portait déjà en germe la mondialisation (« Le propriétaire du capital est citoyen du monde »).

Chapitre III : Des dettes publiques

Le développement du commerce et des manufactures a réduit la propension des souverains et classes dirigeantes à faire des économies. Ainsi, si le produit des impôts était suffisant pour couvrir les dépenses en temps de paix, il est devenu largement insuffisant en temps de guerre, ce qui a amené les Etats à emprunter. Il se trouve que le développement du commerce et des manufactures a également généré une masse de capitaux disponibles pour financer les dettes publiques, les capitalistes étant par ailleurs tout disposés à soutenir les Etats qui garantissaient leurs droits de propriété. Cet endettement public a pris la forme d'avances sur impôts, de rentes viagères ou perpétuelles, d'emprunts à durée déterminée.

Dans beaucoup de pays, la dette est si importante que même une gestion rigoureuse des fonds publics et une longue période de paix ne suffiraient pas à la rembourser avant longtemps. Seule une banqueroute partielle ouverte (rehaussement de la dénomination de la monnaie) ou déguisée (altération de son titre) peut en venir à bout.

Cependant, si les guerres étaient financées par l'impôt et non par la dette, elles seraient moins fréquentes et cela serait bénéfique pour tous les pays.

Si l'Angleterre voulait venir à long terme à bout de sa dette publique, elle devrait étendre son système d'imposition à toutes ses colonies ou, si cela s'avérait impossible, renoncer à en assurer la défense.

Ce chapitre qui clôt l'ouvrage de Smith apporte une nouvelle illustration des qualités visionnaires et de l'indépendance de l'auteur. Celui-ci annonce comme « très probable » l'indépendance des Etats-Unis qui devait intervenir quelques années plus tard. Il est clairement hostile à la guerre et sa proposition de financer tout conflit uniquement par l'impôt aurait, si elle était appliquée, une influence fortement pacifiste. « Pire » encore, si l'on peut dire, cet économiste orthodoxe et libéral se prononce clairement pour une « banqueroute partielle » (avec, bien sûr, des modalités propres à son époque) en cas de dette publique excessive. Les dirigeants de l'Union européenne, de la Banque centrale européenne et du FMI devraient relire Smith !

PARTIE II

LA PLUS VALUE DE MARX

A la différence de « Richesse des nations », « Le capital » reste une œuvre inachevée. Comme on l'a vu dans l'introduction, seul le Livre I a été publié du vivant de Marx en 1867 tandis que les Livres II et III ont été reconstitués à partir de ses notes.

C'est donc le Livre I qui imprime sa marque à toute cette œuvre monumentale. Marx y développe notamment le concept central de « survaleur* » ou « surtravail » qui devient dans la suite de l'œuvre la « plus-value* » : il s'agit de la part de production d'un travailleur qui excède ses besoins en moyens de subsistance. Le possesseur d'argent qui a acheté la force de travail au prix des moyens de subsistance du travailleur s'approprie cet excédent, en consomme une partie pour ses propres besoins et réinvestit l'autre dans le procès de production, ce qui génère une nouvelle plus-value et permet d'augmenter la masse de capital à chaque cycle : c'est le phénomène de l'accumulation. Le capital est donc la richesse investie dans le procès de production : c'est de l'argent, certes, mais ce sont aussi des moyens de production et des marchandises. Ce sont les « métamorphoses du capital » évoquées au début du Livre II : dans le cycle productif, le capital est tour à tour argent, moyens de production, marchandise et de nouveau argent. Cet argent, marchandise universelle permettant de fixer le prix de toutes les autres marchandises, sert à acheter la seule marchandise capable de transférer au produit plus que sa propre valeur : le travail. Cette marchandise merveilleuse, Marx l'appelle « capital variable » (qui transfère au produit plus que sa valeur d'acquisition) par opposition au « capital constant » (tous les autres moyens de production, qui ne transfèrent au produit que leur valeur d'acquisition). Pour commencer à acheter de la force de travail et développer le salariat, il a donc fallu au démarrage du système une « accumulation initiale » qui n'a pas été pour l'essentiel le fruit d'une longue période d'économie de quelques citoyens vertueux et capables, mais bien plutôt le résultat des monopoles commerciaux, des prêts usuraires, de l'esclavage, du colonialisme, d'un accaparement des terres par la violence et des dettes publiques générées par les guerres.

Ayant « disséqué » le processus de production capitaliste, on peut s'intéresser à la circulation du capital qu'il génère et qui le renforce : c'est l'objet du Livre II. Dans l'économie capitaliste, une multitude de capitaux privés accomplissent simultanément leur « rotation », chacun d'entre eux se trouvant à un moment donné dans un des trois états de son cycle : argent, moyen de production ou marchandise. Comme le fait justement remarquer Daniel Bensaïd dans son ouvrage déjà cité, « *dans le procès de production le temps est linéaire(...) Dans le procès de circulation le temps est cyclique(...) Le capital n'est pas une chose mais un mouvement perpétuel* ». La vitesse de ce mouvement, ou « vitesse de rotation » est cruciale : plus elle est élevée, plus le taux de profit est important. Pour que le système fonctionne, un élément est indispensable : l'argent (métaux précieux à l'origine puis monnaie fiduciaire et crédit). Que ce soit dans la reproduction simple*, où toute la plus-value est consommée par le capitaliste, ou la reproduction élargie*, où une partie de la plus-value est investie dans le procès de production, deux conditions essentielles sont requises :

- un échange permanent entre les différents secteurs de production,
- une masse de capital financier croissante.

Ces deux facteurs qui font la force du système sont aussi ses faiblesses génératrices de crises.

Le capital financier investi dans le procès de production prélève une plus-value (Livre I) qui circule et vient grossir le capital initial, produisant une accumulation amplifiée par le phénomène du crédit (Livre II). Le profit n'est donc autre chose que de la plus-value, c'est-à-dire un prélèvement sur le produit du travail. Marx en tire les conséquences et critique dans le Livre III les conceptions des économistes classiques selon lesquelles le salaire viendrait du travail, le profit (d'entreprise ou financier) du capital et la rente de la propriété foncière. En réalité, comme l'intérêt et le profit d'entreprise, la rente est un prélèvement sur le produit du travail.

Le taux de profit a tendance à s'égaliser par le jeu de la concurrence et à baisser au fur et à mesure de l'accumulation, ce qui exacerbe les contradictions du système et porte en germe les conditions de son dépassement.

LIVRE I

Le procès de production du capital

Première section : Marchandise et monnaie

Chapitre 1 : La marchandise

La marchandise a une valeur d'usage (son utilité concrète) et une valeur d'échange, qui correspond à la quantité de travail nécessaire à sa production. La valeur d'échange est le rapport quantitatif reliant différentes valeurs d'usage qui s'échangent entre elles. C'est en tant que « cristallisation » de la substance sociale (le travail) qui a servi à les produire et qui leur est commune que les marchandises ont des valeurs d'échange. Ces valeurs sont mesurées en quantité de force de travail moyenne, cette force de travail étant liée aux conditions de production d'une société donnée à une période donnée.

Marx reprend ici l'idée déjà développée par Smith selon laquelle la valeur échangeable d'un objet correspond à la quantité de travail nécessaire pour le produire.

Chapitre 2 : Le procès d'échange

Le développement du procès d'échange fait qu'une marchandise, l'or ou l'argent, finit par devenir exclue pour constituer la forme-équivalent universelle. Par-là elle endosse le caractère « fétichiste » de la marchandise. Ce caractère « fétichiste », c'est-à-dire magique, réside dans le fait qu'à travers l'échange les objets inanimés que sont les marchandises expriment un rapport social qui dépasse les producteurs.

Le commerce, c'est-à-dire l'échange de marchandises ou encore la transformation de valeurs d'usage en valeurs d'échange, a existé avant le capitalisme. Ce système lui a cependant donné un essor énorme par sa tendance à systématiser ce mode de relation. Dans la société capitaliste « tout est à vendre », pour reprendre le titre d'un roman de Roland Dorgeles.

Chapitre 3 : Monnaie ou circulation des marchandises

La monnaie est l'instrument de mesure de valeur des marchandises en même temps que l'étalon des prix : *« le prix est le nom monétaire du travail objectivé dans la marchandise »*.
Parfois il peut y avoir un prix sans valeur lorsqu'une chose a un prix sans qu'il y ait en elle du travail objectivé. A l'origine marchandise universelle dotée de valeur (incarnant un quantum de travail social), le métal précieux (or ou argent) peut ainsi être remplacé par de simples signes de lui-même dépourvus de valeur.
La monnaie permet l'échange des marchandises : elle est leur moyen de circulation. La masse des moyens de circulation est égale à la somme des prix des marchandises divisée par le nombre de parcours d'une pièce de même nom. Le prix des marchandises varie en fonction de la valeur de la monnaie. Par ailleurs, la masse de monnaie varie en fonction des prix et de sa vitesse de circulation. Il y a donc un lien direct entre la quantité de monnaie et sa valeur. Dans le processus de circulation, l'or peut être représenté par du papier. Toutefois, si la quantité de papier émis dépasse la quantité d'or qu'il est censé représenter, c'est-à-dire celle absorbable par la sphère de circulation (en d'autres termes, celle correspondant aux besoins des échanges économiques), la monnaie se dépréciera et les prix auront tendance à monter.
La monnaie est trésor lorsque le vendeur d'une marchandise n'utilise pas immédiatement l'argent de la vente pour l'achat d'une autre marchandise. La monnaie est aussi moyen de paiement lorsque le transfert de marchandise n'est pas concomitant au transfert d'argent. La monnaie de crédit découle directement de cette fonction de moyen de paiement. Elle tend à remplacer progressivement l'or et l'argent dans les grosses transactions commerciales (sauf, *à l'époque de Marx*, pour les transactions du commerce international.)

Le crédit a connu, depuis le 19e siècle, l'énorme développement que Marx avait pressenti.

Deuxième section : La transformation de l'argent en capital

Chapitre 4 : Transformation de l'argent en capital

En favorisant l'accumulation d'argent, le développement du commerce (circulation de marchandises) est le point de départ du capital. L'argent se transforme en capital par le processus argent-marchandise-argent (A – M – A : acheter pour vendre).
Malgré les apparences, ce processus est très différent de celui consistant pour un producteur à échanger l'excédent de son produit contre une autre marchandise dont il a besoin : marchandise – argent – marchandise (M – A – M : vendre pour acheter). Dans ce dernier cas, il s'agit de satisfaire un besoin de consommation, dans le premier le commerçant ne s'intéresse qu'à la valeur d'échange des marchandises, sa finalité étant de récupérer l'argent avancé pour recommencer l'opération.
La seule marchandise qui permet d'avoir plus d'argent à la fin qu'au début c'est la force de travail. Sa valeur équivaut à celle des moyens de subsistance nécessaires à sa reproduction. Ce processus suppose la liberté formelle des acteurs, l'un propriétaire de l'argent l'autre propriétaire de sa force de travail. Ce dernier n'est payé qu'une fois le travail réalisé : il fait donc crédit à son acheteur.

Comme on l'a déjà souligné, le commerce est un important facteur de l' « accumulation initiale » qui a permis l'essor du capitalisme.

Troisième section : La production de la survaleur absolue

Chapitre 5 : Procès de travail et procès de valorisation

Dans le procès de travail le produit est travaillé et le travail est objectivé dans le produit. Le procès de travail met en jeu l'aspect qualitatif du travail et produit des valeurs d'usage (matériau brut, moyen de production ou produit). La survaleur provient d'un surcroît quantitatif du travail correspondant à la différence entre la valeur d'usage de celui-ci (liée au temps effectif de travail) et sa valeur d'échange (le temps de travail nécessaire pour acquérir les moyens de subsistance permettant de restaurer la force de travail).

En vendant sa force de travail à sa valeur d'échange, le travailleur en aliène sa valeur d'usage : il est dépossédé de son produit.

On voit la progression du raisonnement : c'est parce qu'il a de l'argent que le capitaliste peut acheter une marchandise-moyen de production qui produit plus de valeur qu'elle n'en coûte : la force de travail. Le possesseur de capital acquiert donc la valeur d'usage du travail en ne payant que sa valeur d'échange : cette distinction fondamentale permet d'expliquer la création de « survaleur », autre nom de la « plus-value » ou « profit », comme on le verra plus loin.

Chapitre 6 : Capital constant* et capital variable*

Le capital constant est constitué par les moyens de production (incluant les matières premières), le capital variable par la force de travail. Le travail conserve la valeur des moyens de production par sa qualité et ajoute de la valeur par sa quantité.

Ces deux concepts de capital constant (c) et capital variable (v) sont également des innovations théoriques de Marx. On les retrouvera tout au long de l'œuvre (voir notamment C Livre II section 2 chapitre 7).

Chapitre 7 : Le taux de survaleur

On appelle survaleur l'excédent de valeur d'un produit par rapport à la valeur de ses éléments de production. Elle correspond à la valorisation du capital engendrée par le processus de production. Le taux de survaleur est égal à s/v c'est-à-dire au rapport entre la survaleur (s) et la valeur du travail vivant, ou capital variable (v) entrant dans la production. Comme la valeur du travail est égale à la quantité de travail nécessaire pour acquérir les moyens de subsistance nécessaires pour renouveler la force de travail (travail nécessaire) et que la survaleur est égale à la partie excédentaire de la journée de travail on a l'égalité : taux de survaleur = surtravail/travail nécessaire = s/v. Ce taux mesure le degré d'exploitation de la force de travail par le capital. La somme du travail nécessaire et du surtravail constitue la grandeur du temps de travail. Le surproduit est la part du produit dans laquelle la survaleur se représente. Pour les capitalistes, ce n'est pas la valeur absolue du produit mais la part du surproduit par rapport au produit qui mesure le degré de la richesse. La décomposition du produit en capital constant, capital variable et survaleur est un outil simple mais important de compréhension des mécanismes. Elle permet par exemple de démontrer l'inanité de la thèse selon laquelle le profit serait assuré par la dernière heure de travail (argument de ceux qui s'opposent à toute réduction du temps de travail). En effet, si le temps de travail diminue, la dépense de capital constant diminue également : toutes choses égales par ailleurs le profit est donc minoré mais non supprimé.

A partir du Livre II, la survaleur est appelée « plus-value » concept central qui illustre une observation de bon sens : tout enrichissement humain est produit, d'une façon ou d'une autre, par du travail humain.

Chapitre 8 : La journée de travail

La journée de travail comprend le temps nécessaire à la production des moyens de subsistance de l'ouvrier (travail « nécessaire ») et le « surtravail ». Pendant le 19e siècle le capitalisme a eu tendance à allonger la durée du travail de façon démesurée, brutale et inhumaine *(Marx donne dans ce chapitre des exemples poignants de cette démesure).* Cette tendance a toutefois été un peu freinée par les lois sociales suscitées par la pression sociale et l'organisation des ouvriers en syndicats. Les intérêts de l'acheteur et du vendeur de force de travail étant tous deux légitimes et opposés seul le rapport de forces permet de régler leur contradiction.

Cette réflexion permet de comprendre pourquoi, à toutes les époques, les conservateurs sont aussi farouchement hostiles à toute baisse de la durée légale du travail. Ceux qui hurlent aujourd'hui contre les 35 heures sont les dignes descendants de ceux qui protestaient au 19e siècle contre les 60 heures.

Chapitre 9 : Taux et masse de survaleur

La masse de survaleur dégagée est égale à la masse du capital variable investi multipliée par le taux de survaleur ou encore au nombre de travailleurs employés multiplié par le salaire moyen et pondéré par le taux de survaleur (surtravail/travail nécessaire).
Pour des niveaux donnés de la valeur et du degré d'exploitation de la force de travail, la masse de survaleur produite est proportionnelle au nombre de salariés employés.
La masse du capital à avancer pour instaurer un mode de production capitaliste varie selon le degré de développement du capitalisme et le procès technique de la production.
Cette métamorphose transforme de simples outils en droits coercitifs sur le travail d'autrui. Elle instaure un rapport nouveau entre le travail mort (le capital) et le travail vivant, c'est-à-dire la force créative de valeur.

Le travailleur est dépossédé des moyens de production et du produit de son travail dès qu'il a vendu « librement » sa force de travail : c'est l' « aliénation ».

Quatrième section : Production de la survaleur relative*

Chapitre 10 : Le concept de survaleur relative

Comme on l'a vu au chapitre 8, le temps de travail comporte le temps nécessaire et le surtravail. La survaleur étant le produit du surtravail, on voit à partir du schéma ci-dessous qu'il existe deux façons d'augmenter la survaleur :

- augmenter le temps de travail
- diminuer le temps nécessaire.

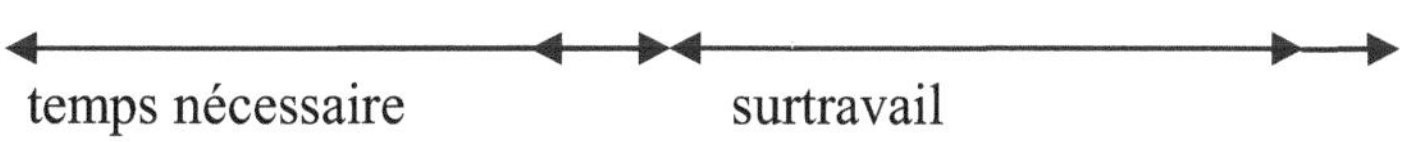

La survaleur absolue* est celle produite par l'allongement de la durée du travail au-delà de celle nécessaire pour assurer les moyens de subsistance du travailleur et reconstituer ainsi sa force de travail.

Le schéma ci-dessous, emprunté à l'ouvrage de Daniel Bensaïd déjà cité, illustre de façon amusante mais très claire ce qui se joue autour du temps de travail entre le capitaliste et son salarié.

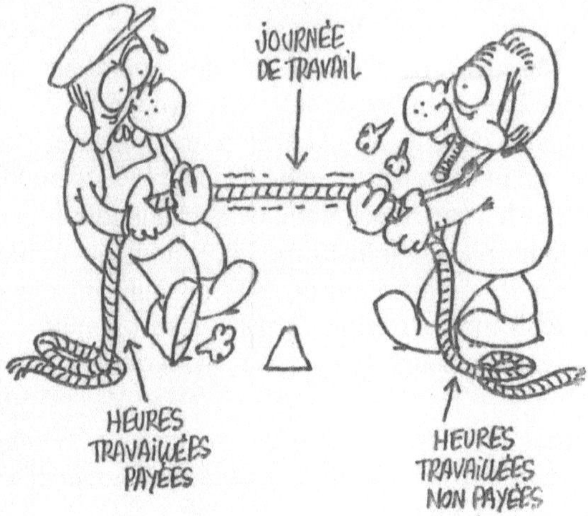

La survaleur relative est celle produite par diminution du temps de travail nécessaire à la reconstitution de la force de travail, c'est-à-dire du temps où le salarié travaille pour lui-même.

Cette diminution (baisse du prix des moyens de subsistance) est obtenue par une modification de l'organisation et/ou du procès de production. Elle ne se généralise que lorsque l'augmentation de la force productive de travail (l'efficacité des moyens de production) a atteint l'ensemble des branches produisant les moyens de subsistance des travailleurs.

A partir des années 80, ce résultat a été obtenu aussi en partie grâce à la mondialisation : en délocalisant les productions dans les pays à faible coût de main d'œuvre on a fait baisser les prix (ou, du moins, quasiment annulé l'inflation) ce qui a permis de faire pression sur les salaires.

Chapitre11 : Coopération

En achetant simultanément la force de travail de nombreux travailleurs, le capitaliste profite de la survaleur produite par la combinaison à grande échelle des moyens de production, c'est-à-dire des effets de la coopération. Cet avantage de la coopération induite par de nombreuses forces de travail a déjà existé dans des sociétés esclavagistes de l'Antiquité. La spécificité du capitalisme c'est que le travailleur y vend librement sa force de travail.
Dans le procès de production, la force de travail devient du travail social, force productive de capital. La coopération est la forme fondamentale du procès de production capitaliste.

Avec le progrès technique, notamment les réseaux informatisés, cette coopération a tendance à se mondialiser dans les sociétés multinationales

Chapitre 12 : Division du travail et manufacture

A l'origine, la manufacture peut réunir en un même lieu des travailleurs faisant tous le même produit ou des travailleurs faisant des produits différents mais complémentaires qui concourent à la réalisation d'un produit plus élaboré.
Au sein de la manufacture, la division du travail permet et entraîne une spécialisation et un perfectionnement des outils, ce qui augmente la valeur produite. En outre, la proximité des travailleurs diminue les temps morts dans le procès de production.
La manufacture peut encore évoluer en passant d'une combinaison de travaux artisanaux à une division organique du travail dans laquelle chaque travailleur ne fait plus qu'une tâche simple et répétitive.
Ceci permet d'avoir une perfection du geste et de diminuer le coût de formation de la main d'œuvre. L'ouvrier devient un simple organe d'un procès global. Cela crée aussi une hiérarchie entre les travailleurs en fonction des compétences nécessaires.
Il y a une analogie entre la division sociale et la division manufacturière du travail. Cependant la première est fondée sur l'échange marchand tandis que la deuxième repose sur la soumission d'un groupe de travailleurs au capitaliste.

La manufacture se perfectionne par l'introduction de machines permise par l'accumulation du capital. Celles-ci font régresser l'aspect artisanal du travail et augmentent le pouvoir du capital.

Le taylorisme est un des exemples les plus éloquents de la division du travail déjà théorisée par Smith et Marx.

Chapitre 13 : La machinerie et la grande industrie

On appelle machinerie tout procès de production dans lequel les outils agissent par des mécanismes mus par une force extérieure qui peut être humaine, naturelle ou mécanique. L'outil ne sert plus l'ouvrier, c'est l'homme qui sert la machine.
On peut avoir une coopération simple de machines juxtaposées ou une combinaison organique de machincs mues par la même force.
La machinerie combinée nécessite et entraîne une fluidité des procès.
La machinerie s'est développée à partir de l'artisanat et des manufactures mais, à partir d'un certain seuil, elle détruit cette base technique pour se développer sur une base autonome (les machines produisent des machines).
La machine transfère au produit la quote-part de sa valeur perdue par l'usure. La valeur d'usage entre tout entière dans le procès de production tandis que la valeur d'échange transférée ne l'est qu'à concurrence de son usure. La différence entre les deux correspond à la productivité de la machine, c'est-à-dire à sa capacité, pour un coût transféré à l'unité le plus petit possible, de permettre au capital variable (la force de travail achetée) de créer le plus de survaleur possible.
Ce qui intéresse le capitaliste, c'est la différence ramenée à l'unité produite entre le prix du travail nécessaire pour construire la machine et le prix du travail qu'elle permet d'économiser *(paradoxalement, les hauts salaires stimulent la productivité).*
Dans la mesure où elle supprime la nécessité de la force musculaire, la machinerie permet de recourir aux femmes et aux enfants et de diminuer le nombre d'emplois, ce qui fait baisser le coût du travail. Loin d'alléger la peine des travailleurs elle l'aggrave : le gain de survaleur relative obtenu par la baisse du coût des produits (permettant une baisse des salaires) ne suffit pas, il

faut aussi augmenter la survaleur absolue par salarié, donc le temps de travail, pour servir la machine le plus longtemps possible.
Selon la conjoncture, l'augmentation quantitative de production produit plus ou moins d'emplois que l'amélioration qualitative du procès n'en détruit.
Le passage de la manufacture et du travail à domicile à la grande industrie est paradoxalement stimulé par la loi sur les fabriques (1864) qui, en protégeant un peu mieux les ouvriers, renchérit le coût du travail et pousse à une mécanisation accrue, seulement supportable par la grande industrie. En détruisant les anciennes formes de production, *"elle porte à maturité les contradictions et les antagonismes de sa forme capitaliste, et donc à la fois les éléments constitutifs d'une nouvelle société et les moments du bouleversement de l'ancienne."*
Cette évolution est particulièrement spectaculaire dans l'agriculture où elle entraîne, outre le pillage du travailleur comme dans l'industrie, le pillage accéléré des ressources du sol.

Cette dernière réflexion reste d'actualité avec les craintes d'un épuisement des ressources naturelles au début du 21e siècle.
Ce chapitre très important offre par ailleurs une description proprement terrifiante des conditions de vie des ouvriers anglais (y compris femmes et enfants) à l'avènement de la machinerie au 19e siècle, conditions plus dures que celles des ouvriers des fabriques observées par Smith un siècle plus tôt.

Cinquième section : La production de la survaleur absolue et relative

Chapitre 14 : Survaleur absolue et relative

La survaleur absolue est obtenue par l'augmentation de la durée du travail, la survaleur relative par la diminution du temps de travail nécessaire pour produire les moyens de reconstitution de la force de travail *(rappel du chapitre 10 du présent Livre I).*
Le procès de production capitaliste fait de chaque salarié un organe d'un travailleur social combiné. Dans ce procès, le travail productif n'est pas lié à la production d'un effet utile mais à la production de

survaleur (en d'autres termes, le seul travail productif est celui qui crée de la survaleur, donc du profit).
L'importance de la survaleur relative peut être influencée par les conditions naturelles (clémence du climat, fertilité de la terre, ...) sans que des conditions particulièrement favorables induisent nécessairement une production de survaleur. Le travail ne produit donc pas nécessairement de survaleur, il faut pour cela une contrainte spécifique. C'est ce qu'occultent généralement les économistes classiques.

La recherche du profit est le puissant moteur qui pousse le système capitaliste à exiger le plus possible de « surtravail » (donc de création de survaleur) des salariés.

Chapitre 15 : Variations de la grandeur respective du prix de la force de travail et de la survaleur

Les grandeurs respectives du prix de la force de travail et de la survaleur sont fonction de la durée du travail, de son intensité et de la force productive.
Si la force productive varie tandis que les deux autres paramètres restent constants, le produit de la valeur de la journée de travail reste constant, prix de la force de travail et survaleur varient en sens inverse l'un de l'autre et la variation de survaleur est toujours la conséquence du prix de la force de travail.
Si l'intensité du travail augmente tandis que les deux autres paramètres restent constants, le produit de valeur de la journée de travail augmente. Dans ce cas, prix de la force de travail et survaleur croissent ensemble mais dans des proportions qui peuvent être différentes.
Si la durée du travail baisse tandis que les deux autres paramètres restent constants, la survaleur baisse. Si elle augmente, la survaleur augmente. Le prix de la force de travail peut augmenter également mais pas dans la même proportion.
Lorsque la force productive baisse et que la durée du travail augmente, la survaleur peut rester constante en valeur absolue et baisser en valeur relative, augmenter en valeur absolue et baisser en valeur relative ou augmenter en valeur relative et en valeur absolue.

Lorsque la force productive augmente ainsi que l'intensité du travail tandis que la durée du travail diminue on peut avoir une économie et un partage du travail.

Evidemment, le but étant de maximiser la survaleur, la tendance naturelle du système capitaliste est l'augmentation de la force productive, de l'intensité du travail et, si possible, de la durée du travail (« travailler plus pour gagner plus » proposait en 2007 le candidat de la droite à l'élection présidentielle).

Chapitre 16 : Différentes formules du taux de survaleur

Le taux de survaleur est égal à :
Surtravail/travail nécessaire (notion de temps) = survaleur/valeur de la force de travail (notion de valeur) = survaleur/travail nécessaire.
Les économistes classiques ont, eux, les formules suivantes :
Surtravail/journée de travail (notion de temps) = survaleur/valeur du produit (notion de valeur) = surproduit/produit total (notion de produit).
Dans le deuxième cas le taux ne peut jamais dépasser 100% *(cas extrême où la totalité du travail serait non payée),* dans le premier il peut le dépasser *(lorsque le temps de travail "excédentaire" dépasse le temps de travail nécessaire pour fournir les moyens de subsistance).*
Le taux de survaleur peut en réalité s'écrire :
Travail non payé/travail payé (forme populaire de surtravail/travail nécessaire).
Le taux de survaleur mesure le degré d'exploitation du travailleur alors que les économistes classiques mettent en lumière le taux de profit, masquant ainsi le phénomène d'exploitation.

Marx se livre ici à une « dissection » méthodique du mécanisme du profit : derrière cette notion se cachent le « surtravail » et la « survaleur ». Il se démarque ainsi nettement de Smith qui, s'il admet que le profit est un prélèvement sur le produit du travail, le considère comme une juste rémunération du capital inhérente à la propriété privée et, de ce fait, incontournable.

Sixième section : Le salaire

Chapitre 17 : Transformation de la valeur ou du prix de la force de travail en salaire

Le travail étant la mesure de valeur de toute marchandise *("substance et mesure immanente des valeurs")* ne peut avoir lui-même de valeur. S'il s'échangeait comme toute autre marchandise contre une égale valeur, il n'y aurait plus de production capitaliste. Le salaire vient masquer cette réalité : il se présente en apparence comme le prix naturel du travail (sa valeur) alors qu'il ne représente que la valeur de la force de travail. Cela occulte le fait que si un ouvrier travaille 12 heures pour 3 schillings en produisant une valeur de 6 schillings, une partie de son travail, celle qui produit la valeur excédant ses besoins propres, n'est pas payée.

Prévu par une transaction « librement consentie » (le contrat de travail), le salaire officialise le partage : au salarié le produit de son temps de travail nécessaire, à l'employeur le produit de son surtravail.

Chapitre 18 : Le salaire au temps

Le salaire peut prendre différentes formes. Pour un même salaire journalier, le prix du travail varie selon la durée du travail. Le salaire journalier peut donc rester le même malgré une diminution du prix du travail. Un prix du travail bas entraîne souvent une durée de travail élevée. *(Pour pouvoir simplement acheter de quoi reconstituer sa force de travail, le salarié est obligé de travailler davantage).*
On peut avoir aussi un salaire journalier en augmentation dû à une augmentation de la durée du travail à prix nominal du travail constant, ce prix nominal descendant en dessous de son niveau normal (quotient de la valeur des moyens de subsistance par la durée usuelle du travail) en raison de l'usure accrue de la force de travail (les heures supplémentaires sont plus pénibles pour l'ouvrier que les heures normales, du fait de la fatigue).
Or, un allongement de la durée de travail entraîne une diminution du prix du travail, si aucune compensation n'intervient, en raison de

la concurrence accrue entre les travailleurs. En outre, un accroissement de la partie non payée du travail permet une diminution du prix du produit, ce qui tend à faire baisser le prix du travail, c'est-à-dire les salaires.

Ce chapitre est très éclairant sur le caractère très sensible de la durée du travail pour les tenants de l'ordre établi, même au 21e siècle. Il permet de comprendre pourquoi, par exemple, la droite française affirme que « le travail ne se partage pas » et rêve de supprimer toute notion de durée légale du travail. Une mesure qui tend à faire baisser le taux de survaleur absolue, donc le taux de profit, qui de surcroît diminue la concurrence entre les salariés en partageant le travail et tend de ce fait à hausser les salaires est proprement insupportable!

Chapitre 19 : Le salaire aux pièces

Le salaire aux pièces n'est qu'une forme transformée du salaire au temps, lui-même forme "phénoménale" *(matérialisation observable)* de la valeur ou du prix de la force de travail. En effet, dans le salaire aux pièces, le prix de la pièce est fixé en fonction du nombre moyen de pièces qu'un ouvrier peut produire en une journée de travail. La prétention des ouvriers à profiter des gains de productivité pour augmenter leur salaire est niée par les employeurs qui entendent maintenir celui-ci au niveau de la valeur des moyens de subsistance du travail. Le salaire aux pièces est bien adapté aux exigences capitalistes car il permet d'augmenter l'intensité du travail.

Si le salaire aux pièces a beaucoup régressé dans les pays développés à la suite des luttes sociales, l'individualisation des salaires reste une tendance forte.

Chapitre 20 : Disparité des salaires

Pour comparer les salaires dans différents pays il faut tenir compte de la durée du travail, son intensité et sa productivité. Le salaire aux pièces pour un temps donné permet de faire des comparaisons.

Le salaire journalier est plus élevé dans les pays à forte productivité mais le salaire relatif (prix du travail par rapport à la valeur du produit) est plus faible.

Avec la mondialisation, la disparité des salaires selon les pays est devenue une donnée majeure dans les choix économiques.

Septième section : Le procès d'accumulation du capital

Le capitaliste transforme une somme d'argent en moyens de production et force de travail en achetant ces derniers sur le marché (dans la sphère de la circulation).
Le procès de production transforme les moyens de production en marchandise dont la valeur excède celle de ses composants.
La survaleur ainsi dégagée devient à son tour du capital lorsque la marchandise est vendue. Une nouvelle phase du circuit peut alors commencer.
Dans la pratique, la survaleur est partagée entre différents capitalistes mais on négligera provisoirement ce fait pour les besoins de l'analyse.

Chapitre 21 : Reproduction simple

Le procès de production capitaliste produit de la valeur qui reconstitue le capital. Cette valeur se retransforme en effet en moyens de production, si bien qu'au bout d'un certain temps le capital est reconstitué. Dans la reproduction simple, on suppose que la survaleur est entièrement consommée par le capitaliste pour ses besoins personnels.
Par son travail la classe ouvrière produit de la survaleur c'est-à-dire du capital potentiel, c'est-à-dire encore la condition même du procès de production capitaliste. Celui-ci se caractérise par une séparation entre le travail et le produit du travail, entre la force subjective de travail (les salariés) et les conditions objectives de travail (les moyens de production).
La consommation de l'ouvrier comprend la consommation productive (moyens de production) et la consommation individuelle qui sert à restaurer la force de travail. Cette consommation individuelle est en fait une consommation

productive puisqu'elle garantit la poursuite du processus de reproduction.

La reproduction simple maintient le capital à son niveau. L'accumulation ne peut se produire que si une partie au moins de la survaleur n'est pas consommée mais investie (voir C Livre II section 3 chapitre 13).

Chapitre 22 : Transformation de la survaleur en capital

De même que la survaleur naît du capital, le capital naît de la survaleur lorsque celle-ci est réinvestie dans le procès de production. Cela crée la spirale de l'accumulation.
A chaque étape de ce processus, les règles de l'échange capitaliste sont respectées : avec la survaleur réinvestie, le capitaliste achète une valeur de force de travail dont la valeur d'usage, supérieure à la valeur d'échange, va créer à nouveau de la survaleur. Cela suppose que la survaleur soit réinvestie et non consommée. Adam Smith explique l'accumulation comme consommation du surproduit par les ouvriers productifs. Cela n'est que partiellement vrai car seule une partie de la survaleur réinvestie est convertie en capital variable (salaires), l'autre partie servant à acheter du capital constant (moyens de production). Certes, les vendeurs de moyens de production vont eux aussi à leur tour convertir une partie de leur profit en salaires si bien que, tôt ou tard, toute la survaleur initialement réinvestie aura été consommée par des ouvriers productifs mais on voit que cela ne se réalise qu'à long terme et qu'entretemps d'autres profits auront été générés et non consommés par des ouvriers productifs.
Au fur et à mesure du développement de l'accumulation, le capitaliste peut se permettre de consommer de plus en plus de survaleur tout en continuant à accumuler. Le degré d'accumulation est fonction du degré d'exploitation de la force de travail, de la durée du travail et de la productivité. Le salarié n'a pas de prise sur le partage par le capitaliste entre consommation et nouvel investissement, ce dernier étant composé en partie de salaires *(capital variable)*. Le salarié ne peut que difficilement élargir ce "fonds de travail" au détriment des revenus du riche.

Cette réflexion également reste d'actualité : lorsque les profits sont distribués en dividendes, stock-options ou autres retraites-chapeaux au lieu d'être réinvestis dans des moyens de production, les salariés n'ont pas leur mot à dire.

Chapitre 23 : Loi générale de l'accumulation

Au fur et à mesure de l'accumulation et, plus encore, la concentration des capitaux provoquée par la concurrence et le crédit, la demande de force de travail augmente, à composition constante du capital. Cette augmentation tend à faire monter les salaires, c'est-à-dire la partie payée du temps de travail, par rapport à la partie non payée (la survaleur ou plus-value). Cela améliore temporairement les conditions de vie des salariés mais ne change pas le rapport de production capitaliste : dès que la part de la survaleur baisse trop, l'accumulation se ralentit, ainsi que la demande de force de travail, ce qui tend à faire baisser les salaires et rétablir l'équilibre.
De plus, au fur et à mesure de cette accumulation, la composition du capital se modifie : le capital constant augmente par rapport au capital variable. Cette modification tend à faire baisser la demande en force de travail malgré le surplus de demande engendré par le capital créé. Cela conduit à l'apparition d'une surpopulation relative ou « armée industrielle de réserve ». L'évolution des salaires est donc liée à l'évolution des poids respectifs de la population active et de l' « l'armée de réserve », évolution elle-même dictée par celle de l'accumulation capitaliste. Au fur et à mesure que croît la richesse des uns croissent la pauvreté et la précarité des autres. *« C'est la loi absolue et générale de l'accumulation capitaliste ».*
On en a une illustration avec la misère de la population ouvrière en Angleterre et la diminution drastique de la population en Irlande qui n'ont pas fait disparaître la surpopulation ouvrière relative.

Marx fait référence à la situation désastreuse du prolétariat anglais à son époque. Il en fait une fois encore une longue analyse détaillée et saisissante, statistiques à l'appui. Il évoque également la famine de 1846 en Irlande et la forte émigration qu'elle a entraînée.

Chapitre 24 : La prétendue accumulation initiale

Le développement du procès de production capitaliste suppose une bipolarisation entre, d'une part, les détenteurs des moyens de production et de subsistance (le capital), de l'autre des prolétaires obligés de vendre « librement » leur force de travail. Loin d'être le fait d'un long travail préalable, l'accumulation initiale a plutôt consisté en un processus violent d'expropriation de petits paysans (notamment, la clôture des terrains communaux, les fameuses « enclosures », ainsi que la disparition forcée la majeure partie des petites propriétés agricoles du 16e au 18e siècle en Angleterre) et de dissociation entre moyens de production et producteurs. L'expropriation des petits paysans a jeté sur le marché la surpopulation de travailleurs nécessaire à l'accumulation. En outre, la bourgeoisie montante a utilisé la violence d'Etat pour faire pression à la baisse sur les salaires. Les grands fermiers ont par ailleurs profité aux dépens de propriétaires féodaux de la baisse continue de la valeur de l'argent au 16e siècle tandis que les rentes foncières demeuraient fixes.
Le capitalisme industriel s'est constitué à partir de la traite des esclaves, de la dette publique et son corollaire, la pression fiscale, des protections douanières avec des systèmes de monopoles, des guerres commerciales (par exemple, les guerres de l'opium). C'est ainsi que la propriété minuscule d'un grand nombre a été remplacée par la propriété massive de quelques-uns. Ce processus pourrait porter en lui-même les conditions de son dépassement s'il y avait une appropriation collective des moyens de production.

Smith dénonçait déjà, un siècle plus tôt, les ravages opérés dans certaines colonies par une administration sans scrupule, proche du pillage, de compagnies commerciales monopolistiques.
Par ailleurs, la réflexion sur la dette publique garde toute son actualité aujourd'hui : la richesse de la sphère financière se bâtit sur l'appauvrissement des Etats.

Chapitre 25 : La théorie moderne de la colonisation

Le développement du procès de production capitaliste implique nécessairement la destruction de la propriété privée fondée sur le

travail personnel. Il faut que le travailleur soit exproprié de ses moyens de production pour qu'il devienne salarié. Dans les colonies ce résultat a été obtenu en partie en fixant arbitrairement un prix à la terre pour obliger les immigrants à se salarier avant de devenir propriétaires puis à faire venir avec cet argent de nouveaux immigrants pour créer une surpopulation. Ensuite, les mécanismes du capitalisme européen ont refoulé vers les colonies des vagues d'immigrants créées par la surpopulation des salariés sur le vieux continent. Aux Etats-Unis, ce processus a été longtemps compensé par l'immensité des terres à mettre en valeur, ce qui explique paradoxalement l'enrichissement rapide de la majeure partie de la population pendant toute cette phase de développement.
Il a pu y avoir aussi, en Australie par exemple, le bradage de terres à une minorité. La guerre civile américaine a créé en outre une importante dette publique qui a contribué à l'accumulation du capital.

En concentrant la propriété privée de la terre, le système capitaliste a créé tout un dispositif juridique favorisant une appropriation de la rente, laquelle a renforcé le mécanisme d'accumulation. De nos jours, des sociétés multinationales achètent à bas prix de vastes terrains en Afrique, dépossédant les autochtones de leurs droits ancestraux à exploiter ces parcelles. L'Histoire coloniale se répète.

LIVRE II

Le processus de circulation du capital

Première section : Les métamorphoses du capital

Chapitre 1 : Les métamorphoses du capital : capital-argent, capital productif*, capital-marchandise

Dans le cycle qui lui est propre, le capital est successivement du capital monétaire, du capital productif (force de travail et moyens de production) et du capital-marchandise.
Selon l'angle d'analyse, on peut distinguer trois types de cycles :

I) A - M - P - M' - A'

C'est le capital monétaire qui est au début et à la fin du cycle.

II) P - M' - A' - M … P

ou P - Cn – P (Cn = circulation : marchandise – argent – marchandise).

Dans ce cycle, le capital monétaire n'est qu'une forme transitoire du capital, c'est la répétition du processus de production qui est mise en évidence.

III) M' - A' - M … P … M'

Dans le circuit III, ce n'est pas le capital primitif (argent ou moyens de production) qui est le point de départ mais le capital valorisé sous forme de capital-marchandise. Le système capitaliste s'illustre par la présence permanente d'un stock de marchandises en renouvellement perpétuel et cette forme III met ce fait en évidence.

L'argent, les moyens de production et les marchandises ne sont que des matérialisations différentes d'une même réalité : le capital, qui se succèdent de façon cyclique comme l'illustre le schéma ci-dessous, emprunté au livre de Daniel Bensaïd déjà cité.

Métamorphoses du capital

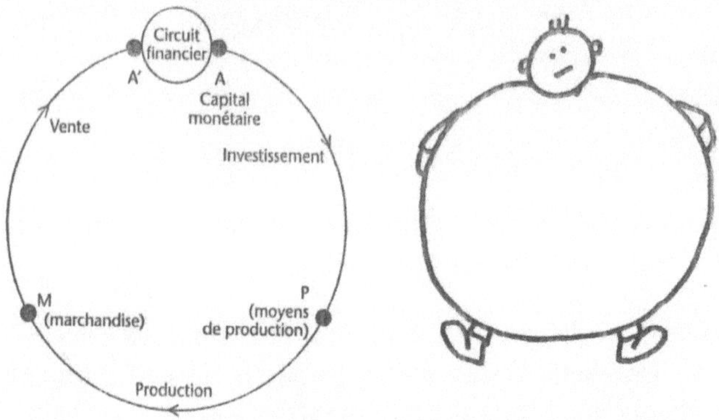

Chapitre 2 : Les trois formes du processus de circulation du capital

Les trois formes du circuit du capital fonctionnent simultanément dans l'activité économique. Leur unité réside dans la présence prépondérante des marchandises au sein du système capitaliste où elles opèrent et, fondamentalement, par le caractère social de la production, le travail y apparaissant comme une marchandise.

Les trois formes du capital : argent, moyens de production et marchandises sont toutes trois... des marchandises. Le capital est capital car, à partir de la marchandise universelle qu'est l'argent, il transforme tout, notamment le travail, en marchandise qu'on peut acheter ou vendre.

Chapitre 3 : Le temps de circulation

Le temps du circuit du capital est égal à la somme du temps de production et du temps de circulation (temps nécessaire pour acheter les moyens de production, produire et vendre la marchandise produite afin de récupérer ainsi l'argent initialement investi abondé de la plus-value). Le temps de production est toujours supérieur au temps de fonctionnement du capital productif. L'intérêt du capitaliste est de réduire la différence entre les deux. La limite du temps de circulation (M' - A') est fixée par la durée de conservation de la marchandise. Dans le circuit du capital, la phase M' - A' (vente du produit) est cruciale car elle seule permet de récupérer en argent le capital initial et la plus-value contenue dans la marchandise. Plus le temps de circulation s'allonge plus le temps de production tend à diminuer (si on vend moins on produit moins) et vice versa. En d'autres termes, plus le capital est immobilisé dans la circulation (sous forme de marchandises à vendre ou d'argent destiné à acheter des moyens de production) moins il est disponible pour la production.

Parce que le capital est marchandise, l'acte de vente est crucial...

Chapitre 4 : Les frais de circulation

Parmi les frais de circulation on distingue :

- Les frais de commercialisation : ces frais sont rendus nécessaires par le développement de la production. Ce sont des faux frais de celle-ci.
- Les frais de conservation : ils n'apportent sauf exception pas de valeur au produit. Ils peuvent être source de gain ou de perte pour le capitaliste selon qu'ils sont « normaux » ou subis.
- Les frais de transport : ils apportent généralement une valeur au produit.

Avec la mondialisation et la consommation de masse, les frais de circulation et notamment les frais de commercialisation (marketing, publicité, ...) atteignent des niveaux inconnus du temps de Marx, jusqu'à être supérieurs, pour certains produits, aux frais de production.

Deuxième section : La rotation du capital

Le concept de rotation : le circuit du capital peut être appelé aussi sa rotation. Sa durée est égale au temps de production plus le temps de circulation. L'année est l'unité de mesure du temps de rotation.

Chapitre 5 : Capital fixe et capital circulant

Le capital fixe est la partie des moyens de production (capital productif) qui transmet progressivement sa valeur d'échange au produit, en fonction de sa durée de vie. Pendant toute cette durée de vie, il conserve sa valeur d'usage de façon autonome. Il se distingue des autres moyens de production (capital constant non fixe) et du capital variable qui constituent le capital circulant. Leur caractéristique est d'être consommés en totalité à chaque cycle de production. Pour renouveler le capital fixe (*terme comptable : les immobilisations*), le capitaliste doit constituer un fonds de réserve (*terme comptable : les amortissements*) qui est reconverti en moyen de circulation au moment de l'achat de capital fixe.

Ces deux notions, déjà utilisées par Smith (RN Livre II chapitre 1), sont importantes pour comprendre le processus de circulation du capital (voir à ce sujet C Livre II section 1 chapitre 7 et troisième partie ci-après).

Chapitre 6 : Cycles de rotation, crises

La rotation du capital productif est égale à la rotation moyenne de ses différentes composantes (capital fixe et capital circulant). Cette rotation moyenne s'obtient en additionnant les valeurs transférées au produit en une année des différentes composantes du capital productif. Les cycles de rotation au cours desquels une partie du capital est « prisonnier » de son élément fixe (*difficulté de remplacer une immobilisation avant la fin de sa durée de vie normale)* constituent une des bases des crises périodiques.

La durée du cycle de rotation est donc fonction d'une part du temps du circuit du capital (voir C Livre II section 1 chapitre 3), d'autre part de la composition de ce capital.

Chapitre 7 : Remarques critiques à propos des théories sur le capital fixe et le capital circulant

La principale critique faite aux économistes classiques (Smith, Ricardo et les physiocrates notamment) est de confondre la

différence capital fixe/capital circulant et la différence capital constant/capital variable.
Un capital est dit fixe lorsqu'il transmet graduellement sa valeur au produit, en fonction de son usure. Un capital est dit circulant lorsqu'il transmet intégralement sa valeur au produit durant un cycle de production et qu'il doit de ce fait être renouvelé à chaque cycle de production. Le capital constant se compose du capital fixe et des matériaux de production. Sa valeur se retrouve à l'identique dans le produit (de façon graduelle pour le capital fixe, en totalité pour les autres moyens de production). Le capital variable est constitué du salaire, valeur servant à acheter la force de travail qui est une valeur créatrice de valeur.
En amalgamant les deux distinctions, on occulte complètement le mécanisme de création de valeur dans la sphère de production. C'est peut-être pour cela que les physiocrates pensent que seule la terre est créatrice de valeur (selon eux, seul le travail agricole est productif).

Cette notion de « capital variable », différente de celle de « capital circulant » est essentielle dans la pensée de Marx. C'est elle qui permet de mettre en évidence la création de plus-value par le travail : ce capital est dit « variable » car, à la différence des autres éléments du capital, il transmet au produit une valeur supérieure à sa valeur d'échange (voir C Livre I section 2 chapitre 6).
Le schéma ci-dessous montre la différence entre les deux distinctions constant/variable et fixe/circulant :

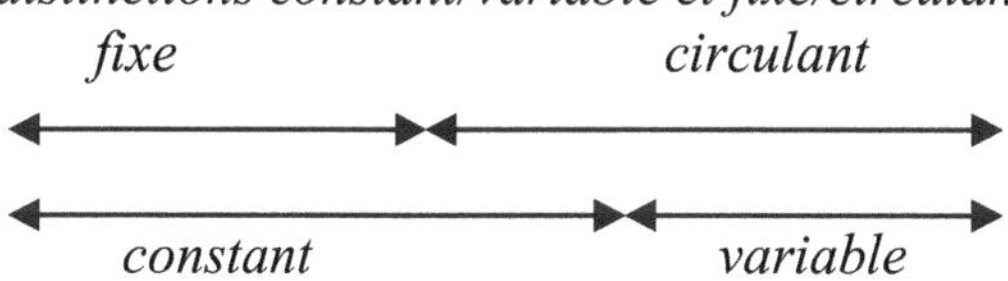

On voit que le capital constant (celui qui ne transmet au produit que sa valeur) englobe le capital fixe (qui transmet sa valeur graduellement sur plusieurs cycles de production) et une partie du capital circulant (qui transmet sa valeur intégralement sur un cycle de production), tandis que le capital variable (qui transmet au produit une survaleur en plus de sa valeur) ne constitue qu'une partie du capital circulant. On verra plus loin dans la troisième

partie que cette clarification des concepts permet de résoudre une contradiction observable dans l'analyse de Smith sur ce point.

Chapitre 8 : Différences dans la durée de l'acte de production

La durée de rotation du capital varie selon l'activité exercée. La concentration du capital et le crédit permettent de diminuer cette durée par l'engagement de plus de capital fixe. Le temps de production est toujours supérieur au temps de travail car une partie du temps de production n'est pas du temps de travail. La durée plus ou moins longue d'avance de capital circulant dépend de la nature du processus de production et des conditions de circulation des produits. Le temps de circulation comprend d'une part la durée de la phase de vente, elle-même dépendante du marché et des conditions de transport, d'autre part le temps d'achat. Dans tout ce processus une partie du capital doit rester à l'état de capital-argent (*terme comptable : besoin en fonds de roulement*).

« Le temps c'est de l'argent » : cet adage bien connu du monde des affaires prend tout son sens ici. Marx en donne un exemple chiffré éloquent dans le chapitre 10 ci-après.

Chapitre 9 : Effet des différences dans la rotation sur la mise en valeur du capital

Compte tenu du temps de circulation, il faut pour maintenir la continuité de la production que le capital circulant avancé comporte non seulement un capital primitif (pour la première période de production) mais aussi un capital supplémentaire (pour pouvoir engager un nouveau cycle de production pendant la période de circulation du cycle précédent).
Une partie du capital avancé se trouve généralement libérée dans le processus. Une partie de ce capital libéré l'est précisément sous forme de capital-argent, ce qui a une incidence sur le marché monétaire. Ce phénomène est accru si le temps de rotation diminue. Il l'est également par le système du crédit.

Cette présence massive de capital-argent dans le circuit économique est un phénomène essentiel du système capitaliste.

Celui-ci s'est amplifié de nos jours avec la financiarisation de l'économie.

Chapitre 10 : La rotation du capital variable

Le taux annuel de plus-value dépend de la durée de rotation du capital variable avancé si l'on tient pour fixe le taux effectif de plus-value (pl/v c'est-à-dire le rapport de la plus-value produite au cours d'un cycle de production au capital variable employé au cours de ce même cycle). La grandeur absolue du capital-argent variable avancé (argent dépensé pour acheter la force de travail) diminue lorsque la période de rotation diminue et que le taux annuel de plus-value augmente. En effet, seul le capital variable effectivement employé dans le processus de production produit de la plus-value. Par exemple, si un capital variable A de 500£ fait 10 rotations par an avec un taux effectif de plus-value de 100%, il produira en un an 5000£ de plus-value, soit un taux annuel de 5000/500 = 1000%. Si un autre capital variable B de 5000£ fait 1 rotation par an avec le même taux effectif de plus-value, il produira en un an la même masse de plus-value que A, soit 5000£, mais le taux annuel de plus-value ne sera que de 5000/5000 = 100%.
Selon la durée de rotation le capital variable avancé peut être fourni par le propre produit du salarié (*par exemple si le cycle production + circulation est inférieur à un mois et que le salarié est payé en fin de mois*).
Dans la société capitaliste, le salarié est vendeur de sa force de travail et acheteur de ses produits. Il y a ainsi une contradiction entre le souci de payer le moins cher possible la force de travail et celui de vendre ses produits.

Cette contradiction entre les motivations de l'acheteur de la force de travail et celles de ce même acteur lorsqu'il vend le produit de ce travail reste une des fragilités du capitalisme et une des clés de compréhension de ses crises.

Chapitre 11 : La circulation de la plus-value

La circulation de la plus-value implique l'existence d'un stock d'argent (le « trésor ») que l'on soit en reproduction simple (cas où le capitaliste consomme toute la plus-value) ou en reproduction élargie* (lorsque le capitaliste réinvestit tout ou partie de la plus-value dans le procès de production). Ce stock d'argent correspond à la partie du capital momentanément bloquée sous forme monétaire dans le processus de production.

Dans la reproduction simple, si une partie des capitalistes peut retirer de la circulation en vendant ses marchandises plus d'argent (au sens de « monnaie ») qu'elle n'y a jeté en achetant ses moyens de production, c'est que, parallèlement, une autre partie des capitalistes (les producteurs de métaux précieux : or ou d'argent) jette constamment dans la circulation en vendant sa marchandise (or ou argent) plus d'argent qu'elle n'en a investi au départ. En d'autres termes sa plus-value est de l'argent dès qu'elle est produite, elle n'a pas besoin de passer par la circulation pour être transformée en argent.

Le système capitaliste ne peut donc se développer sans injection d'argent dans le circuit, notamment par importation de métaux précieux (c'est ce qui s'est passé à partir du 16e siècle). Toutefois, ce processus est limité par la quantité de métaux précieux susceptible d'être produite. Pour se développer de façon élargie, le capitalisme a impérativement besoin du système de crédit. Le développement du crédit permet justement de diminuer le coût de production de l'argent nécessaire au système pour acheter outils de production et force de travail. C'est cet argent qui permet de déposséder progressivement les travailleurs de leurs moyens de production, ce qui ne leur laisse d'autre choix que de vendre leur force de travail.

La quantité d'argent globalement nécessaire est indépendante de la répartition entre capital variable et plus-value. Lorsque les salaires augmentent les revenus des capitalistes diminuent. Le prix des produits de luxe tend alors à baisser par baisse de la demande. L'équilibre se rétablit car la demande des capitalistes est remplacée par la demande des ouvriers (qui peuvent s'offrir quelques produits nouveaux avec leur pouvoir d'achat accru) et parce que les capitaux se reportent vers la production de produits de subsistance dont la demande a augmenté.

Dans ce qui précède il faut évidemment distinguer les deux acceptions du mot « argent » : métal précieux particulier ou terme générique pour désigner le moyen de circulation et de paiement des marchandises. Dans la deuxième acception, l'or est de l'argent, au même titre qu'une lettre de change, un chèque ou un virement.

Troisième section : Les conditions réelles du processus de circulation et de reproduction

Introduction

Les physiocrates ont bien perçu le mécanisme de création de plus-value et de reproduction du capital mais l'ont cantonné à l'agriculture, seul secteur productif à leurs yeux.
Pour Adam Smith, le produit annuel global se compose de salaires, de profits et de rentes. Il n'introduit la reproduction du capital constant que par une distinction entre « revenu brut » et « revenu net ». N'ayant analysé que le capital-marchandise et pas le processus de production (le capital productif) il ne fait pas de distinction entre le produit nouveau de l'année (qui se résout en salaire et plus-value) et le produit total de l'année (qui inclut aussi des éléments de valeur produits antérieurement : capital constant fixe qui transmet la partie de sa valeur correspondant à son usure et capital constant circulant qui transmet toute sa valeur). Il ne se situe que dans une optique de reproduction simple où toute la plus-value est consommée par le capitaliste dès lors que la valeur du capital de départ est préservée.

Chapitre 12 : Reproduction simple

Soit un système qui produit 6000 (*peu importe l'unité monétaire*) de biens (moyens) de production et 3000 de biens (moyens) de consommation.
Si I et II représentent respectivement les biens de production et les biens de consommation, c le capital constant, v le capital variable et pl la plus-value, on peut poser les hypothèses suivantes :
I : 4000c + 1000v + 1000pl = 6000
II : 2000c + 500v + 500pl = 3000.
1000 de biens de consommation sont achetés par les ouvriers du secteur II avec leurs salaires (500v) et par les capitalistes du

secteur II avec la plus-value qu'ils consomment entièrement (500pl). Par ailleurs, les 2000 restants de biens de consommation sont achetés par les ouvriers du secteur I avec leurs salaires (1000v) et par les capitalistes du secteur I avec la plus-value qu'ils consomment entièrement (1000pl). Avec l'argent de ces ventes, les capitalistes du secteur II renouvellent leur capital constant (2000c). Enfin, 4000c de capital constant sont renouvelés par échange au sein du secteur I (les capitalistes de ce secteur s'achètent et se vendent les moyens de production constants). A la fin du cycle, tout a donc été acheté et vendu, un nouveau cycle peut commencer.
La section II (biens de consommation) peut être divisée schématiquement en deux grandes sous-sections :

a) moyens de consommation nécessaires
b) articles de luxe.

Supposons que nous ayons au sein de la section II la répartition suivante des capitaux et des plus-values :
IIa : 1600c + 400v + 400pl = 2400
IIb : 400c + 100v + 100pl = 600
Avec leur salaire les ouvriers de la sous-section des biens de luxe (b) achètent 100 de biens nécessaires (a). Avec cet argent les capitalistes de la sous-section IIa achètent pour 100 d'articles de luxe aux capitalistes de la sous-section IIb qui récupèrent ainsi les salaires avancés à leurs ouvriers sous forme argent. Les capitalistes de la sous-section IIa, quant à eux, ont récupéré directement l'avance d'argent faite à leurs ouvriers sous forme de salaire (400v) en leur vendant les produits qu'ils ont eux-mêmes fabriqués.
On voit à partir de cet exemple que (IIb)v (salaires des ouvriers de b) n'est réalisable qu'en (IIa)pl (plus-value des capitalistes de a) : autrement dit, les salaires de la sous-section b (100) ne peuvent être convertis qu'en une fraction du surproduit de la sous-section des biens de consommation nécessaires (IIa)pl. Pour que le système fonctionne, il faut que les salaires des ouvriers de b soient inférieurs à la plus-value réalisée en a. Si tel n'était pas le cas, il y aurait pénurie de biens de consommation nécessaires, hausse des prix et crise. On voit que, même dans la reproduction simple, le système est fragile.
D'une façon analogue, I (v + pl) ne peut être réalisé qu'en IIc : autrement dit, pour qu'il y ait reproduction simple complète du capital, les ouvriers de la sous-section I (avec leurs salaires Iv) et

les capitalistes de cette sous-section (avec la plus-value engendrée par le surtravail de leurs ouvriers : Ipl) doivent acheter pour 2000 de biens de consommation, c'est-à-dire la valeur transmise à ces produits par le capital constant de cette sous-section (IIc). Dans la pratique, les choses se compliquent par le fait que tout le capital constant n'est pas à renouveler une année donnée : une partie doit être conservée sous forme de provision monétaire. Ainsi, par exemple, si le capital constant IIc est bien globalement renouvelé, en pratique certains capitalistes du secteur II achètent une année donnée plus de biens de production que la provision constituée dans l'année (*amortissement*) tandis que d'autres en achètent moins, l'ajustement éventuel se faisant par importation ou exportation. D'autres encore peuvent choisir de différer leurs achats, ce qui implique pour les capitalistes du secteur I soit de réduire un peu leur activité pour compenser le ralentissement de la rotation, soit d'utiliser un fonds de réserve (*fonds de roulement*) pour maintenir leur niveau d'activité.

Ce « modèle » montre que la rotation du capital est permise par l'argent, qu'elle suppose un échange permanent entre les différentes branches de la production et que le capitaliste réalise sa plus-value en jetant de l'argent dans le circuit, argent qui lui revient lorsque la rotation est terminée.

Le capital variable reste en fait toujours dans les mains du capitaliste, d'abord sous forme monétaire comme capital virtuel, puis sous la forme de capital productif après paiement du salaire, ensuite comme partie du capital-marchandise pour redevenir enfin du capital virtuel sous forme monétaire. Pour l'ouvrier, l'argent correspondant au capital variable devient du salaire lors de l'achat de la force de travail et du revenu lorsqu'il est dépensé par lui pour renouveler sa force de travail.

Ce long développement est important dans la compréhension « macroéconomique » du système. Si toutefois, rebuté par la modélisation « mathématique » de celui-ci, le lecteur perd le fil du raisonnement, il lui suffit de retenir que le mécanisme observé au niveau microéconomique du processus de production d'une entreprise (avec les notions de capital constant, capital variable et plus-value) se retrouve au niveau macroéconomique de la production d'une société par le jeu des échanges marchands entre les différents secteurs de production et que la complexité du système explique sa fragilité. Celle-ci sera encore davantage mise en évidence dans le chapitre suivant qui traite de la reproduction élargie.

Chapitre 13 : L'accumulation et la reproduction élargie

Dans la reproduction élargie, une partie de la plus-value de la section des biens de production (Ipl) n'est pas consommée en moyens de subsistance ou produits de luxe (biens de consommation : IIpl) mais transformée en capital additionnel, se répartissant entre capital constant et capital variable. En pratique, un producteur A (A pouvant symboliser plusieurs producteurs A, A', A'', ...) de la section I vend des biens de production (une partie de Ipl) à un producteur B (B pouvant symboliser plusieurs producteurs B, B', B'', ...) de la section II mais n'achète pas en retour des biens de consommation (une partie de IIc). A conserve l'argent de sa vente sous forme de trésor. C'est du capital-argent virtuel qui ne deviendra réellement du capital que lorsqu'il sera avancé de nouveau dans le procès de production pour acheter du capital constant (fixe et/ou circulant) et du capital variable (de la force de travail). Si B ne peut pas vendre à A les biens de consommation (IIc) en contrepartie de son achat de biens de production, on pourrait craindre une surproduction de biens de consommation et une crise qui se répercuterait sur la section I. En réalité, cela n'est pas le plus probable car B doit avoir une réserve de marchandises pour faire fonctionner son exploitation. Il doit donc disposer d'une réserve de capital-argent qui lui permette de continuer à produire pendant qu'une partie de son capital productif est immobilisé dans son stock de marchandises.
Supposons maintenant que nous ayons le regroupement fonctionnel suivant des capitaux :
I : 4000c + 1000v + 1000pl = 6000
II : 1500c + 750v + 750pl = 3000
Total = 9000.
Supposons que dans la section I la moitié de la plus-value soit thésaurisée. Les capitalistes de cette section n'achètent donc que 500 de biens de consommation tandis que les ouvriers de cette section continuent d'en acheter pour 1000. La section I dispose

d'un capital-argent de 500 à convertir en capital productif : 400 en capital constant et 100 en capital variable. Le capital constant de I devient donc 4400 et s'échange au sein de cette section. Avec les 100 de salaires avancés, les ouvriers de la section I achètent des biens de consommation aux producteurs de la section II qui, avec cet argent, achètent pour 100 de moyens de production aux producteurs de la section I au lieu d'acheter des biens de consommation. Afin de mettre en œuvre ces moyens de production supplémentaires ils doivent également avancer 50 de salaires à leurs ouvriers. Ils accumulent donc 150 de capital supplémentaire par prélèvement sur leur plus-value.

Le schéma initial est donc modifié comme suit :

I : 4400c + 1100v + 500pl = 6000

II : 1600c + 800v + 600pl = 3000

Le produit total est toujours de 9000 mais le capital, lui, a augmenté : de 5000 à 5500 pour la section I et de 2250 à 2400 pour la section II. Si la production s'effectue réellement avec ce capital accru, la production de l'exercice suivant devient :

I : 4400c + 1100v + 1100pl = 6600

II : 1600c + 800v + 800pl = 3200

Total : 9800 (en augmentation de 800 par rapport à l'exercice précédent.

Si le même schéma se réitère pendant plusieurs exercices successifs on voit que la masse du capital productif et la production totale augmentent de façon significative.

On voit que IIc (1500 dans cet exemple) ne peut pas être égal à I (v + pl) (2000 dans l'exemple) comme c'était le cas dans la reproduction simple. En effet, une partie du surproduit de I (500 dans l'exemple) a maintenant vocation à être thésaurisée puis servir à acheter des moyens de production additionnels de I. Elle ne peut donc pas servir aussi à acheter des biens de consommation à II et lui permettre d'acheter en retour à I une même valeur de biens de production.

Si l'on admet que seule une fraction 1/x de la plus-value de I est dépensée comme revenu pour acheter des biens de consommation à II, I (v + pl/x) peut être égal, supérieur ou inférieur à IIc. Autrement dit le total des achats des capitalistes et des ouvriers de la section I à la section II peut être égal, supérieur ou inférieur à la masse des moyens de production de la section II, l'ajustement

éventuel se faisant sur la plus-value du secteur II. Par contre, I (v + pl/x) doit toujours être inférieur à II (c + pl) : le total des achats de biens de consommation de I à II doit toujours être inférieur à la somme du capital constant et de la plus-value de II, la différence étant la part de plus-value que les capitalistes de II conservent en revenu pour acheter des biens de consommation.
On voit aussi que les salariés achètent les biens de consommation qu'ils ont fabriqués (directement pour la section II et indirectement pour la section I) avec leur salaire. Le capital variable avancé par les capitalistes de I et II leur revient donc soit directement en II, soit indirectement en I. Leur intérêt est bien sûr que les salariés travaillent le plus possible et consomment le plus possible, ce dernier objectif étant toutefois en contradiction avec la pression à la baisse sur les salaires pour augmenter la plus-value.
On voit enfin que ce système, plus complexe encore que celui de la reproduction simple, a impérativement besoin d'une masse d'argent toujours croissante, ce qui explique l'énorme importance du crédit. C'est pourquoi toute perturbation du marché financier entrave le fonctionnement du système productif. Cela amène à imaginer un système où le capital-argent aurait disparu.

Ce chapitre est probablement l'un des plus denses et ardus de l'ouvrage, d'autant que celui-ci n'est peut-être pas la version définitive qu'aurait réalisée l'auteur s'il en avait eu le temps. Au-delà de sa technicité, qui peut là encore rebuter ou décourager le lecteur, il met en lumière les interrelations entre les différents secteurs de l'économie, l'influence de la finance sur cette dernière, la puissance de développement et la fragilité du système capitaliste.
L'évocation d'une société sans argent est par contre très sommaire et peu argumentée. C'est un des passages les moins convaincants de l'ensemble, peut-être lié à son caractère inachevé. Pour autant, on peut déplorer à l'inverse le rôle de plus en plus excessif et prédateur de la finance au fur et à mesure que se développe un système capitaliste « dérégulé ».

LIVRE III

Le processus d'ensemble du capital

Avant-propos

Les livres I et II ont analysé les processus de production et de circulation. Le livre III analyse le processus du capital comme un tout.
La section I de ce chapitre évoque le taux de profit, distinct du taux de plus-value, et explique que le prix de vente d'une marchandise peut être inférieur à sa valeur (c + v + pl) pourvu qu'il soit supérieur à son prix de revient (c + v), c'est-à-dire la valeur du capital constant (fixe ou circulant) et du salaire qui y est incorporée.
La section II montre que, sur un plan général, il se dégage un taux moyen de profit qui détermine le prix moyen vers lequel tendent les marchandises sous l'effet de la concurrence : prix de revient * (1 + taux moyen de profit). Cela signifie que certaines marchandises sont vendues au-dessous ou au-dessus de leur valeur. Ce n'est que lorsque le taux de profit pl/(c + v) de la production considérée est égal au taux moyen que la marchandise est vendue à sa valeur.
La section III développe la notion de baisse tendancielle du taux de profit.
La section IV fait intervenir la notion de capital commercial qui tend à faire baisser le taux moyen de profit.
La section V fait intervenir le crédit, la section VI la rente foncière.
Enfin, la section VII revisite les notions de rente foncière, salaire et profit. Au passage, elle critique à nouveau Smith pour avoir escamoté dans le produit annuel le rôle du capital constant (les moyens de production avancés), donc du travail passé.

Première section : Transformation de la plus-value en profit

Chapitre 1 : Coût et profit

Le profit est théoriquement la différence entre la valeur d'une marchandise (c + v + pl) et son prix de revient ou coût (k = c + v).

Il n'est en fait égal à la plus-value pl que si la marchandise est vendue à sa valeur. La concurrence peut faire que la marchandise soit vendue au-dessous de sa valeur, ce qui diminue le profit, la limite minimale étant le coût de production (dans ce cas le profit est nul). Dans la conception capitaliste, le profit est le résultat de l'action du capital avancé, qu'il soit constant ou variable. Dans cette conception, la valeur d'une marchandise est égale à son coût et le profit est la différence entre son prix de vente et cette « valeur ». Cela fait même dire à certains que le profit est généré par l'acte de vente alors qu'en réalité il est déjà latent dans la marchandise proposée sur le marché, la vente ne faisant que réaliser ce profit préexistant. Tout cela occulte la vraie valeur d'une marchandise (qui comprend la plus-value) et la vraie origine du profit qui est en fait de la plus-value (travail non payé).

L'acte de vente n'apporte pas de valeur au produit, il ne fait que réaliser sa valeur latente.

Chapitre 2 : Rapport entre le taux de profit et le taux de plus-value

Le profit est une autre appellation de la plus-value. Cependant, le profit est généralement rapporté à la totalité du capital avancé (constant + variable) pour déterminer un taux de profit : $p = pl/(c + v)$. Celui-ci est généralement inférieur au taux de plus-value ($pl' = pl/v$) puisque son dénominateur ($c + v$) est plus important que celui du taux de plus-value (v). Il n'est égal au taux de plus-value que si le capital constant est nul ($c = 0$), autrement dit si l'activité ne nécessite que du travail, ce qui en pratique est quasiment impossible.
Il convient de remarquer que lorsqu'on calcule le profit, la partie fixe du capital constant n'est comptée qu'à concurrence de la valeur transmise au produit en fonction de l'usure (*amortissement*) alors que dans la formule du taux de profit la partie fixe du capital constant qui figure dans c au dénominateur est prise en compte pour la totalité de sa valeur (*investissement)* : le profit est rapporté à la totalité du capital (constant et variable) avancé. Ce mode de calcul a pour effet de cacher la vraie nature du profit : celui-ci a l'air d'être généré par le capital avancé alors qu'il est en réalité

produit par l'excédent de travail non payé, comme expliqué au Livre I.
Le taux de profit : p = pl/(c + v) peut s'écrire aussi : p = pl/v*v/(c + v) = pl'*(v/(c + v)). Le taux de profit est donc fonction du taux de plus-value (pl' = pl/v) et de la part du capital variable dans le capital total (v/(c + v)). Lorsque cette part est constante le taux de profit varie comme le taux de plus-value. Lorsque celui-ci est constant, le taux de profit varie comme la part du capital variable dans le capital constant. Enfin, lorsque le taux de plus-value (pl'), le capital constant (c) et le capital variable (v) fluctuent en même temps, le taux de profit est fonction de l'influence combinée de pl' et de v/(c + v) c'est-à-dire du taux de plus-value et de la composition organique du capital*. Les deux facteurs peuvent se conjuguer ou s'opposer.

Dire que le profit est de la plus-value et que la plus-value est générée par le surtravail (partie non payée du travail) revient à expliquer le constat de Smith selon lequel le profit est un prélèvement sur le produit du travail (RN Livre I chapitre 8).

Chapitre 3 : Economies dans l'emploi du capital constant

La plus-value étant donnée, le taux de profit ne peut être augmenté que par la diminution du capital constant. Le capitaliste y parvient grâce aux inventions rendues possibles par le progrès technique, aux gains de productivité des branches fabriquant les moyens de production et à la concentration de ces moyens (*plus une machine est productive plus la valeur qu'elle transmet à chaque unité produite est faible)*. Il peut aussi économiser sur les conditions de travail de ses salariés et/ou réutiliser les déchets de production.
La production capitaliste favorise le développement des forces productives mais dilapide par ailleurs d'immenses moyens matériels, faisant perdre ainsi à la société ce qu'elle fait gagner au capitaliste individuel.

Ce constat du gaspillage de ressources induit par la production capitaliste prend tout son sens aujourd'hui avec la prise de conscience du caractère fragile de notre écosystème et de la raréfaction prochaine de plusieurs matières premières.

Chapitre 4 : Effets des changements de prix

Le taux de profit varie en fonction inverse du prix des matières premières (capital constant circulant). Le prix des marchandises produites varie, lui, dans le même sens. Cette tendance peut être freinée par le jeu de l'offre et la demande, qui peut pousser le capitaliste à compenser la hausse de son coût de production en vendant la marchandise en dessous de sa valeur, c'est-à-dire en amputant son profit.
Le prix des éléments constitutifs du capital constant circulant fait varier la valeur du capital engagé. Quant au capital constant fixe (*les immobilisations*), sa valeur peut diminuer sous l'effet du progrès technique (*voir chapitre précédent*). Elle peut aussi varier comme une rente (*ceci concerne par exemple les terrains et les bâtiments : voir chapitres 20 à 22 ci-après*).
Si le processus de production capitaliste est très développé, le capital constant fixe est important et la production potentiellement élevée. Dans ce contexte, les fluctuations de prix des matières premières ont un effet violent sur le prix des produits ainsi que sur l'équilibre entre l'offre et la demande, ce qui peut entraîner des convulsions fortes. Lorsque les prix des matières premières sont à la hausse, les capitalistes acceptent de s'unir pour régulariser la production mais, sitôt que la tendance s'inverse, ils s'en remettent à la régulation du marché. C'est pourquoi par exemple une agriculture rationnelle est incompatible avec le système capitaliste qui répugne à tout dispositif durable de régulation des cours.

Ce constat sur l'agriculture reste d'actualité au 21e siècle avec l'explosion des spéculations sur la plupart des produits agricoles et la variation erratique de leurs cours.

Deuxième section : la transformation du profit en profit moyen

Chapitre 5 : La composition organique des capitaux et ses effets sur les taux de profit

Pour un taux de plus-value et un coût du travail donnés, le taux de profit est fonction d'une part de la composition organique du capital (rapport entre capital variable et capital constant, lui-même

basé sur la composition technique du capital, c'est-à-dire le rapport d'une quantité de travail vivant à la quantité de moyens de production mise en œuvre par ce capital variable) (*voir C Livre III section 1 chapitre 2)*, d'autre part de la durée de rotation du capital (*voir C Livre II section 2 chapitre 6)*.
Le taux de profit est indépendant du rapport entre capital fixe et capital circulant. Pour un même secteur de production où les compositions organiques du capital sont identiques les taux de profit ont tendance à s'égaliser.
Le coût de production*, lui, est indépendant de la composition organique du capital (par exemple, 80c + 20v = 20c + 80v). Cette égalité des coûts de production constitue la base de la concurrence capitaliste entre les capitaux investis. C'est sur cette base que s'établit le profit moyen.

On a vu précédemment que le taux de plus-value (pl/v) est égal au rapport de la survaleur (produit du travail non payé) au salaire, c'est-à-dire au capital variable. Si le taux de plus-value est donné, la plus-value est d'autant plus forte que le capital variable est important (exemple : si pl/v = 0,5, pl = 50 pour v = 100 et pl = 75 pour v = 150). A l'inverse, plus le capital constant est important par rapport au capital variable, plus le taux de profit tend à diminuer (voir chapitre 9 ci-après). Pour compenser ce phénomène le système cherche à améliorer le taux de plus-value en augmentant la productivité du travail ou augmenter le capital variable en allongeant la durée du travail.

Chapitre 6 : Formation d'un taux général (moyen) du profit et conversion des valeurs des marchandises en prix de production

Pour un capital donné le taux de profit est égal au rapport de la plus-value au total du capital (constant et variable) engagé. Plusieurs capitaux égaux engagés dans des secteurs différents engendrent des taux de profit différents en fonction de leur composition organique (*voir définition au chapitre 5 précédent*). Toutefois, la concurrence tend à égaliser les taux de profit, si bien que pour chaque secteur le prix de production (coût de production plus profit moyen, celui-ci étant égal à la valeur du capital transféré au produit (c + v) multiplié par le taux moyen de profit) diffère de

la valeur produite (coût de production plus profit du secteur, c'est-à-dire coût de production plus plus-value - *on a vu au chapitre 5 précédent que pour un même secteur les taux de profit ont tendance à s'égaliser et les profits à être donc égaux aux plus-values* -).
Ainsi, l'origine du profit (la plus-value) se trouve cachée, comme si le profit était immanent à la marchandise et ne dépendait pas du travail vivant mis en œuvre.

La plus-value se cache derrière le profit qui, lui-même, se cache derrière le profit moyen : la plus-value est donc doublement cachée !

Chapitre 7 : Egalisation du taux général de profit par la concurrence, prix de marché et valeurs de marché, surprofit

Tendanciellement, sous l'effet de la concurrence, le prix des marchandises vendues se rapproche de la somme : coût de production + profit moyen (valeur du capital transférée au produit multipliée par taux moyen du profit - *voir chapitre 6 précédent* -). La loi de l'offre et de la demande ne règle donc pas les prix, contrairement aux apparences, mais seulement les écarts des prix réels par rapport aux prix calculés comme indiqué ci-dessus. Ces écarts sont d'autant plus faibles que les capitaux et la main d'œuvre sont mobiles. Ainsi, l'offre et la demande règlent les écarts entre prix de marché et « valeurs de marché » mais, à l'inverse, c'est la valeur de marché qui règle les rapports entre l'offre et la demande en limitant leur influence. Cette « valeur de marché » n'est rien d'autre que la valeur du travail (vivant - *capital variable* - ou mort - *capital constant* -) que représente le prix de production* (coût de production plus quote-part de valeur du « surtravail » moyen correspondant au capital investi).

On retrouve ici l'idée de Smith selon laquelle, en dépit des apparences, la loi de l'offre et la demande ne détermine pas intégralement les prix des produits mais seulement leur variation par rapport à une valeur prédéterminée.

Chapitre 8 : Remarques complémentaires

L'augmentation ou la baisse des salaires modifie (à la baisse ou à la hausse) le taux de plus-value et le taux de profit. Elle ne change pas le prix de production pour un capital de composition moyenne (la variation des salaires est compensée par une variation en sens inverse du profit) mais le fait varier dans les autres cas : à la hausse lorsque le salaire augmente pour un capital de composition inférieure (c'est-à-dire dans lequel la part du capital constant est inférieure à la moyenne), à la baisse dans les autres cas. La variation du prix de production n'est pas proportionnelle à celle du taux de profit.

Le prix de production peut varier parce que le taux de profit change ou, à taux de profit constant, parce qu'une variation de la productivité a modifié la composition du capital et la valeur des marchandises.

Derrière les prix de production il y a des valeurs mais en égalisant le taux de profit par un jeu de compensations (le profit baisse lorsque le coût de production augmente) la concurrence tend à occulter ce fait. Ces compensations permettent à chaque capitaliste de percevoir son quantum de la plus-value totale.

C'est parce que, comme l'observait déjà Smith, les capitaux vont naturellement là où ils trouveront le meilleur profit, que les taux de profit tendent à s'égaliser.

Troisième section : Loi de la baisse tendancielle du taux de profit

Chapitre 9 : Définition de la loi

L'augmentation progressive du capital constant par rapport au capital variable tend à augmenter la productivité. Toutes choses égales par ailleurs, elle entraîne cependant une baisse du taux de profit même si la masse du profit reste la même ou augmente. En effet, le travail vivant (*le capital variable*) se répartit sur une plus grande quantité de produits, si bien que chaque unité contient moins de travail et moins de plus-value. L'augmentation du capital constant peut générer un besoin accru de capital variable (travail) et la baisse des prix de marchandises améliore, toutes choses égales

par ailleurs, les salaires réels. Ces deux facteurs tendent à faire augmenter la population salariée mais les progrès de la productivité tendent au contraire à rétablir un excédent de travailleurs par rapport aux besoins de main d'œuvre nécessaire pour mettre en œuvre le capital constant.
On admet communément que le capitaliste tend à baisser son taux de profit unitaire pour augmenter son profit total en vendant plus. En réalité, ce phénomène n'est que l'expression de la baisse tendancielle du taux de profit.

Cette loi avait déjà été mise en évidence par Smith (RN Livre I chapitres 9 et 10) mais c'est Marx qui l'a vraiment popularisée. De fait, elle a été beaucoup critiquée, au motif que la « prophétie » de Marx ne s'est pas réalisée jusqu'à présent. Ceux qui croient pouvoir en conclure à « l'erreur » de celui-ci omettent soigneusement de dire qu'il ne parle que de « tendance » et que, dans le chapitre suivant, il analyse tout ce qui peut s'opposer à celle-ci.

Chapitre 10 : Influences contraires

La baisse tendancielle du taux de profit est contrariée par différents facteurs : la baisse du coût des éléments du capital constant (*due notamment à la hausse de productivité induite par l'augmentation de ce capital constant*), la baisse des salaires (*rendue possible notamment par la baisse du coût de production des marchandises produites, baisse induite par l'augmentation de la productivité*), le commerce extérieur qui peut permettre de vendre des produits au-dessus de leur valeur, l'intensité croissante de l'exploitation du travail (*augmentation des cadences*), la surpopulation relative qui permet le réemploi à faible coût de la main d'œuvre disponible dans les secteurs utilisant peu de capital constant.
La hausse du taux de plus-value et la baisse du taux de profit ne sont que des expressions d'un même phénomène : la hausse de la productivité du travail.

On pourrait compléter aujourd'hui cette liste par les délocalisations, la « mondialisation » et la tendance au dumping social observée dans un contexte de compétition économique accrue entre pays.

Conclusions : les contradictions internes de la loi

Le but de la production capitaliste n'est pas la satisfaction des besoins de consommation de la société mais le profit et l'expansion du capital. Toutes choses égales par ailleurs, cette expansion tend arithmétiquement à faire baisser le taux de profit puisqu'une même plus-value (pl) est rapportée à un capital plus important (C + ΔC). Si cette baisse se poursuit, l'expansion va freiner ou s'arrêter car les détenteurs d'argent vont hésiter à faire de nouveaux investissements. Ils essayeront au contraire de détruire du capital pour restaurer le taux de profit. Ils essayeront aussi d'augmenter la plus-value par une intensification du travail qui va entraîner une surpopulation ouvrière relative, et une baisse des salaires, qui diminuera le pouvoir de consommation et donc les débouchés de la production. Il y a donc concomitamment surproduction de capital et surpopulation relative des salariés. Ces contradictions sont résolues par une extension des marchés et par des crises périodiques.
La puissance productive et la valeur des capitaux augmentent plus vite que la production et la richesse réelle de cette population : c'est l'origine des crises.

Cette analyse garde toute sa pertinence aujourd'hui. Elle permet de comprendre l'acharnement des milieux d'affaires occidentaux à promouvoir une mondialisation accrue quels que soient ses coûts écologiques, une abolition de tous les tarifs douaniers quels que soient les déséquilibres entre nations, la baisse des dépense publiques pour laisser plus de débouchés aux capitaux privés, la baisse des salaires au nom de la « compétitivité », la poursuite de certaines guerres pour détruire du capital, accaparer des approvisionnements à bas prix ou s'ouvrir de force des débouchés commerciaux, la financiarisation de l'économie pour restaurer la rentabilité du capital par des profits financiers accrus, profits prélevés sur l'économie réelle. On comprend mieux aussi pourquoi la suppression progressive des régulations sur la finance internationale à partir de la fin des années 70 a entraîné une augmentation de la fréquence et la gravité des crises financières sans précédent depuis la grande dépression de 1929 et des années suivantes.

Quatrième section : Le capital marchand

Chapitre 11 : Le capital commercial

Le capital commercial n'est qu'une autre forme d'une partie du capital de circulation, lequel comprend du capital-marchandise et du capital-argent. C'est une forme particulière de la division sociale du travail, la fonction de circulation étant assurée par un agent spécial distinct du producteur. Le commerce ne crée pas de valeur : le profit du capital commercial est prélevé sur celui du capital productif en fonction de son poids relatif par rapport à ce dernier. Plus le capital commercial est important par rapport au capital productif, plus la masse du profit industriel est faible et vice-versa.
La masse du profit commercial est une fonction inverse de sa durée de rotation. Le taux de profit pour un capital donné est prédéterminé par le processus de production mais il peut se répartir sur une plus ou moins grande quantité de produits vendus en fonction du temps de rotation. Plus celui-ci est faible, plus les prix de vente peuvent l'être également. La valeur des marchandises étant déterminée par la quantité de travail qu'elles contiennent, le temps de rotation n'influe pas sur la quantité de valeur contenue dans chaque marchandise mais affecte les quantités de valeur et de profit produites en un temps donné par un capital donné.

Marx prolonge ici l'idée énoncée en C Livre II section 2 chapitre 10 : plus le temps de circulation est faible, plus la durée de rotation du capital variable l'est également et, toutes choses égales par ailleurs, plus le taux de profit augmente.

Chapitre 12 : Le capital financier

Le capital financier, comme le capital commercial, n'est qu'une forme particulière d'une partie du capital industriel (le capital de circulation) issue de la division sociale du travail. Le profit du capital financier est donc un prélèvement sur la plus-value et le capital financier ne constitue pas une branche particulière du capital industriel.

Le terme d'« industrie financière », mis en avant lors de la bulle financière du début des années 2000, était donc impropre et trompeur : la finance ne produit rien mais prélève son profit sur l'activité productive.

Chapitre 13 : Remarques historiques sur le capital marchand

Le capital marchand est la forme la plus ancienne du capital. Il préexiste au capital productif. Son développement est en raison inverse de celui de la production capitaliste. Il a tendance à « grignoter » peu à peu la production, à tel point que celle-ci génère de plus en plus de valeurs d'échange et de moins en moins de valeurs d'usage.
Le développement de la production capitaliste est favorisé par l'existence d'un capital marchand et l'essor des villes mais il ne peut se produire à grande échelle que si préexiste déjà un mode de production capitaliste. Les grandes découvertes ont permis une multiplication des marchandises en circulation et une extension des marchés, ce qui a contribué à libérer la production de ses entraves féodales. Là où il domine le capital marchand absorbe le surprofit de la production. Il peut exercer ainsi une sorte de pillage.

On peut observer cette opposition entre capital marchand et production dans les débats récurrents entre producteurs et distributeurs, notamment dans l'agriculture.

Chapitre 14 : Capital et intérêts

Dans le prêt d'un capitaliste financier à un capitaliste industriel, l'argent devient marchandise. La valeur d'usage de cette marchandise est de pouvoir produire du profit comme capital-argent. L'intérêt versé au prêteur est une partie du profit réalisé par l'emprunteur. Il résulte du jeu de la concurrence compte tenu du rapport entre le capital prêtable (l'offre) et la demande de capital. A la différence des autres marchandises et du salaire, il n'existe pas de prix naturel du capital. Celui-ci (l'intérêt) est seulement fixé par la concurrence.

Lorsque le prix d'un bien ne dépend pas ou très peu de la quantité de travail qui y est objectivée, il est réglé exclusivement ou principalement par le jeu de l'offre et de la demande : c'est le cas de la monnaie et, dans une certaine mesure, de l'immobilier (qui contient une part de rente). Cela explique pourquoi les phénomènes de « bulles » s'observent souvent dans ces secteurs.

Chapitre 15 : La division du profit

L'intérêt est une partie du profit. Il ne peut exister sans la plus-value créée par le processus de production. Le taux d'intérêt est donc lié au taux de profit qui constitue sa limite maximale. Toutefois, il est fixé à l'intérieur de ce cadre par le jeu de la concurrence entre prêteurs et entre emprunteurs. La division sociale entre capital financier et capital industriel fait que le capital financier rencontre le « capitalisme actif » (le capital industriel) mais jamais le travail vivant. D'où l'idée communément admise que l'intérêt est généré par le capital financier de façon autonome. Le caractère fallacieux de cette idée apparaît si l'on imagine que tous les détenteurs de capitaux se détournent de l'activité productive : il s'en suivrait une crise et une baisse généralisée des taux d'intérêt (beaucoup d'offre de capital financier et pas de demande).
Le profit d'entreprise est la différence entre le profit général et l'intérêt (que celui-ci soit payé à un prêteur ou prélevé par le capitaliste industriel comme rémunération de son propre capital). Une part de ce profit d'entreprise sert à payer le « salaire de direction » c'est-à-dire le travail consistant à diriger la production. Cela occulte le fait que le capitaliste industriel profite du « surtravail » de ses salariés. En effet, cette plus-value prélevée sur le travail vivant non payé devient légitime puisqu'elle est censée payer un travail effectif. En apparence, le capitaliste industriel ne s'oppose donc plus au travail vivant mais seulement au capital financier. Cela reste le cas même lorsque le capitaliste financier dirige par lui-même l'activité de production. En occultant le mécanisme de la plus-value, on a ainsi l'impression que le capital

produit par lui-même de la plus-value avec une accumulation sans cesse plus grande par le jeu des intérêts composés. Il y a une sorte de processus « magique » qu'on peut qualifier de « fétichisme » du capital à intérêt.
Dans le système de production capitaliste, le travail passé (inclus dans le capital financier) s'oppose ainsi de façon autonome au travail vivant mais ce fait est occulté par la division du profit.

Cette analyse très fine se vérifie aujourd'hui avec le développement incontrôlé du rôle de la finance dans l'économie. Un peu à la manière des alchimistes du Moyen Age qui cherchaient à transformer le plomb en or, les détenteurs de capitaux exigent des taux de rentabilité à 2 chiffres et fabriquent à cet effet des bulles spéculatives. Tôt ou tard, cela débouche sur des crises, ce qui montre bien que l'enrichissement de ces capitalistes financiers se fait par prélèvement sur l'économie réelle, donc sur le produit du travail vivant.
Le mécanisme de « bulle » est bien illustré par le dessin de Charb ci-dessous emprunté au livre de Daniel Bensaïd déjà cité :

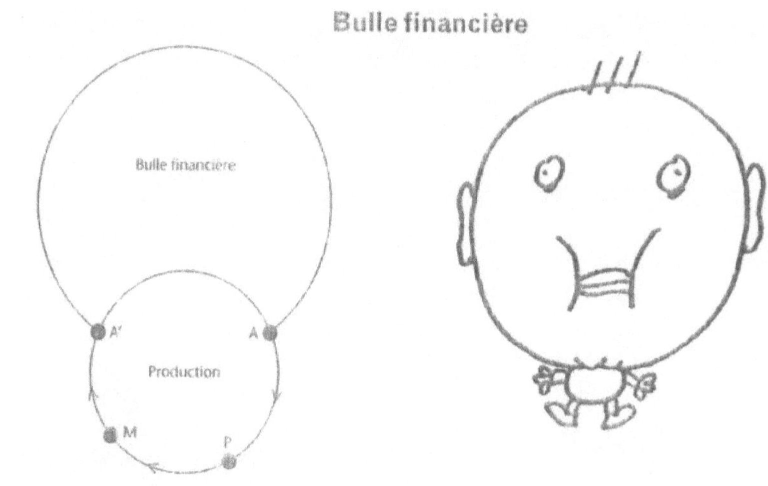

Chapitre 16 : Le crédit

Le crédit développé par les banques permet l'accélération de la circulation du capital et le développement de la production. Il est porteur de risques de crise en raison de la spéculation qu'il facilite. Les variations du taux d'intérêt sont dues au jeu de l'offre et de la demande de capital monétaire. Elles sont liées aussi à l'évolution du taux général de profit qui constitue sa limite. Le crédit facilite le développement des sociétés par actions, c'est-à-dire la possession du capital industriel par des capitalistes financiers. Les moyens de production sont ainsi détenus par des acteurs non impliqués dans l'activité productive. Cette évolution est porteuse de crises mais favorise aussi l'évolution du capital productif. Elle concentre la propriété sociale entre les mains d'un petit nombre d'individus et détruit paradoxalement le mode traditionnel de production capitaliste : *« C'est précisément cette ambivalence qui confère aux principaux porte-parole du crédit (...) ce caractère plaisamment hybride d'escrocs et de prophètes. »* !

Ce chapitre également reste pleinement d'actualité : ce que nous appelons « financiarisation » de l'économie n'est rien d'autre que la concentration des moyens de production et des richesses entre les mains d'une minorité, celle qui détient le capital financier. Comme celle-ci n'est pas impliquée dans l'activité productive et cherche simplement à faire de l'argent avec l'argent, tous les ingrédients sont réunis pour fabriquer un fossé entre l'économie « virtuelle » (financière) et l'économie « réelle » (productive), la première vampirisant la seconde.

Chapitre 17 : Accumulation du capital monétaire et crises

Le monde bancaire distingue l'argent comme moyen de circulation et l'argent comme capital productif d'intérêts.
En réalité, l'argent est moyen de circulation (en cas de paiement comptant) ou moyen de paiement (en cas de paiement à crédit). Dans l'un et l'autre cas, il peut constituer la forme monétaire du revenu ou du capital.
En période d'expansion, la masse globale de monnaie en circulation augmente, du fait d'une expansion des dépenses de revenus et malgré une contraction relative des besoins dans le secteur des transferts de capitaux. En période de crise la consommation diminue mais la demande d'argent des entreprises devient relativement plus forte en raison de la raréfaction du crédit

commercial. Ce n'est donc pas le manque de capital qui caractérise la crise (il existe en abondance sous forme de marchandises à vendre) mais le manque de capital monétaire.

Le capital bancaire* se compose d'espèces et de titres (traites, fonds d'Etat, actions, hypothèques, ...) Il se divise en capital d'investissement (les fonds propres de la banque) et dépôts (qui sont pour la banque du capital emprunté).

Tout revenu monétaire déterminé et régulier semble être l'intérêt d'un capital alors que le titre qui le génère n'est pas du capital mais simplement le droit pour son propriétaire à des revenus à venir (prélèvement sur les impôts pour une obligation d'Etat, sur le profit pour une action d'entreprise). La dérive d'un tel raisonnement consiste à considérer par analogie la force de travail d'un salarié comme un capital puisqu'elle lui assure un revenu récurrent. C'est absurde car le salarié ne peut « capitaliser » sa force de travail, sauf à se vendre comme esclave. La démarche de « capitalisation » (calcul d'un capital fictif à partir d'un revenu récurrent) tend à déconnecter les opérations financières du processus réel de valorisation du capital. L'idée d'un capital qui fructifie automatiquement, qui génèrerait lui-même de la richesse, s'en trouve renforcée. En réalité, l'intérêt est toujours un prélèvement sur le profit général (la plus-value) qui diminue le profit d'entreprise.

Le mouvement autonome de la valeur des titres financiers sur leur propre marché, notamment en fonction (inverse) du taux d'intérêt, accrédite l'idée qu'ils constituent un capital réel, alors qu'ils ne sont qu'un capital fictif, un simple droit sur des revenus escomptés. Leur dépréciation en temps de crise constitue un puissant stimulant de la concentration des fortunes. Elle rappelle aussi que le « capital bancaire » n'est pas pour l'essentiel un capital réel mais un ensemble de titres de créances fondées sur un capital réel (actions de société) ou non (obligations d'Etat), dont le prix peut fluctuer fortement en fonction notamment de la spéculation et du taux d'intérêt.

Le crédit commercial est distinct du crédit bancaire. Il augmente en période d'expansion selon un processus interactif avec le capital productif, les deux évolutions se renforçant l'une l'autre. Il se restreint en cas de crise alors qu'il y a surabondance de capital industriel sous la forme de marchandises invendues. Dans ce cas le capital monétaire (capital de prêt) a tendance à se réduire, ce qui provoque une hausse du taux d'intérêt. C'est l'inverse en période d'expansion. Le capital de prêt a donc tendance à varier en fonction inverse du capital réel, sauf dans la première partie de la phase ascendante suivant une récession, lorsque l'abondance de capital de prêt encore disponible (signalée par un taux d'intérêt faible) coexiste avec un capital industriel en expansion.. En d'autres termes, le capital monétaire (capital de prêt) a un processus d'accumulation distinct de l'accumulation réelle (celle du capital productif). Cette déconnection s'explique aussi par le fait que le capitaliste financier s'efforce de mettre à la disposition du capitaliste industriel un capital qui se compose essentiellement de la propriété d'autrui (industriels mais aussi rentiers, travailleurs « improductifs », couche supérieure des salariés « productifs »). Du fait de cette composition, le capital monétaire (capital de prêt) augmente plus vite que le capital réel, ce qui est potentiellement générateur de crises.

Le taux d'intérêt varie à long terme dans le même sens que le taux de profit sur lequel il se prélève. A court terme, il peut varier en fonction de la spéculation mais aussi, conjoncturellement, en fonction de la demande de capital variable (besoins en main-d'œuvre).

En période de crise, on sacrifie la valeur des marchandises à la valeur de la marchandise universelle qu'est la monnaie (avec le même argent on peut acheter plus de marchandises). Cette préservation de la réalité monétaire de la marchandise comme chose extérieure à la production réelle est inhérente au système de production capitaliste. Elle rend les crises monétaires inévitables, qu'elles soient indépendantes des crises réelles ou qu'elles les aggravent.

Smith expliquait (RN Livre II chapitre 4) qu'un prêt est une « délégation sur le produit annuel en contrepartie d'une délégation sur des parties plus petites convenues annuellement et d'une égale partie à terme ». Marx considère le prêt comme un simple droit sur des revenus à venir, prélevé sur l'impôt ou le profit, donc sur les richesses créées, ce qui se rapproche de l'analyse de Smith. Il pousse cependant cette analyse plus loin dans ce chapitre technique et ardu en montrant comment l'autonomie de la sphère financière perturbe l'économie réelle. Ses constats d'une part du sacrifice de l'économie réelle à la valeur de la monnaie, d'autre part du caractère éminemment fluctuant de la valeur du capital financier et de la fragilité du bilan des banques qui en découle restent d'une brûlante actualité dans le contexte de la crise que nous connaissons depuis 2008.

Chapitre 18 : Circulation, crédit, change

Ce sont les besoins des affaires qui déterminent la quantité de monnaie en circulation (billets et métal). Le crédit influe sur la vitesse de circulation qu'il a tendance à accélérer. Il influe donc sur la masse monétaire. Le taux d'intérêt ne dépend pas de la masse de circulation mais de la masse de réserve métallique (or ou argent) qui constitue l'essentiel de la réserve bancaire et détermine l'offre de billets, donc du capital de prêt.
En faisant varier le taux d'intérêt, les banques centrales et les banques prélèvent une lourde rente sur la production réelle alors que leurs pouvoirs d'émission sont, directement ou indirectement, garantis par la collectivité.
Fondé sur le « currency principle » selon lequel la quantité de monnaie en circulation ne doit pas excéder la réserve de la banque d'émission, le Bank Act de 1844 divise la banque d'Angleterre en deux parties distinctes : le département d'émission qui conserve métal et obligations, le département bancaire qui gère les billets. La masse des billets ne peut dépasser la valeur des réserves du département d'émission. Ce système est complètement inadapté aux crises car il restreint les liquidités (les sorties de métal entraînent une baisse de la quantité de billets en circulation) au moment où leur besoin est le plus fort (la circulation des effets commerciaux se bloque et tout le monde recherche des espèces). Il augmente ainsi le taux d'intérêt quand il faudrait le baisser. En 1847 et 1857, le Bank Act a été suspendu pour éviter un effondrement total de la production.
Dans les crises, l'or et l'argent redeviennent très demandés. Or, ils sont en quantité très inférieure aux besoins de circulation. Un petit mouvement dans un sens ou dans l'autre peut avoir des effets très amplifiés.

Les taux de change sont liés à l'évolution de la balance des paiements, elle-même reflétée par l'évolution de la réserve métallique.
Le système monétaire repose sur la « foi » (la confiance) que l'on accorde à la valeur de la monnaie, censée représenter « l'esprit immanent des marchandises ».

Ce chapitre, assez ardu lui aussi, décrit des mécanismes financiers qui ont évolué depuis le 19e siècle mais développe une analyse encore pertinente aujourd'hui à beaucoup d'égards. Ainsi, au 20e siècle, Keynes a repris cette critique des politiques « monétaristes » classiques en soulignant lui aussi qu'en période de crise il faut baisser les taux d'intérêt et augmenter l'émission de monnaie. De nos jours, les dirigeants des banques centrales ont intégré cette conception, comme on l'a vu dans la crise commencée en 2008. En Europe, cependant, la politique restrictive est toujours de mise vis-à-vis des Etats, ce qui provoque une prolongation de la crise.

Chapitre 19 : Remarques sur l'usure précapitaliste

L'usure constitue avec l'activité commerciale l'un des deux modes d'accumulation précapitalistes.
L'usure prélève la totalité de la plus-value, maintient les producteurs dans un système peu performant et les spolie peu à peu de leurs moyens de production. Elle favorise une accumulation monétaire qui permet le développement de la production capitaliste lorsque les autres conditions sont réunies. Le crédit est différent de l'usure car il ne prélève qu'une partie de la plus-value, ce qui permet l'accumulation capitaliste. Il est désormais subordonné à la production. Il restreint le champ d'activité de l'usure, qui se cantonne à certains prêts à la consommation ou à des activités de production non capitalistes.

L'usure, qui a précédé et permis le développement du capitalisme, n'a pas disparu aujourd'hui : on l'observe notamment dans certains prêts à la consommation (crédits rechargeables (« revolving ») notamment) et dans les taux d'intérêt prohibitifs consentis à des Etats en difficulté financière. Elle reste trop souvent un prélèvement sur la pauvreté ou l'ignorance (parfois, hélas, les deux).

Sixième section : Transformation de la rente en surprofit

Chapitre 20 : Remarques préliminaires

La rente foncière est l'expression économique du pouvoir que s'attribue un individu sur une partie de la surface de la terre. Parler de prix du sol est paradoxal puisque la terre n'est pas le produit d'un travail et n'est pas renouvelable par le travail. Le prix du sol est en fait la capitalisation de la rente dont il découle. Il est fonction du taux d'intérêt. Comme celui-ci a tendance à baisser dans le système capitaliste par suite de la baisse tendancielle du taux de profit, le prix de la terre a tendance à augmenter. (*Exemple : si un terrain rapporte une rente annuelle de 100 (peu importe l'unité monétaire) et que le taux d'intérêt est de 5%, le prix correspondant à la rente capitalisée est de 100/0,05 = 2000. Si le taux d'intérêt passe à 4%, le prix passe à 100/0,04 = 2500).*
Dans le système capitaliste, en même temps que les produits agricoles deviennent des valeurs comme expressions particulières du travail social, la propriété foncière s'attribue une part croissante des valeurs créées sans son concours. Une partie de la plus-value, c'est-à-dire du surtravail, se transforme en rente. Une partie de la rente peut même être prélevée sur le salaire des producteurs en le faisant tomber en dessous de son niveau moyen normal.

Comme l'admettait déjà Smith (RN Livre I chapitre 8), la rente est toujours un prélèvement sur le produit du travail.

Chapitre 21 : La rente différentielle

La rente différentielle apparaît lorsque, par le jeu d'une force naturelle, d'une plus grande quantité de capital investi ou d'une meilleure productivité du capital, on peut produire à un prix de production inférieur au prix de production régulateur*. La différence constitue le surprofit.
Tout ou partie de ce surprofit est prélevé par le propriétaire foncier et se transforme ainsi en rente.

Lorsque plusieurs terrains de fertilité différente sont cultivés, c'est le prix de production du terrain le moins fertile qui règle le marché. On distingue ainsi la rente différentielle de type I (lorsque les investissements successifs sont faits sur des parcelles différentes) et la rente différentielle de type II (lorsque les investissements successifs sont faits sur la même parcelle).
Historiquement, on a d'abord eu une rente différentielle de type I : lorsqu'il y a beaucoup de terrains non cultivés, l'augmentation de la demande est satisfaite par la mise en culture de nouvelles parcelles. Tant que la demande est suffisante, le prix de production régulateur ne baisse pas et peut même augmenter si on met en culture des terres moins fertiles. La rente différentielle* globale augmente (*du fait de l'augmentation du nombre de rentes, chacune d'elles restant stable ou augmentant*).
La rente différentielle II apparaît lorsque le capital se concentre intensivement sur des parcelles déjà cultivées plutôt que de s'investir extensivement sur de nouvelles parcelles. Cela peut conduire à l'abandon de terres moins fertiles, surtout s'il y a concurrence étrangère de terres plus fertiles. Dans ce cas, le prix de production régulateur baisse. Cela a tendance à faire baisser le montant de la rente différentielle par unité de surface mais la rente globale peut augmenter tant que l'investissement additionnel génère un produit à un prix inférieur au prix de production régulateur (coût de production du terrain le moins fertile majoré du taux de profit moyen).
A l'inverse, si la demande augmente au point qu'elle ne puisse être satisfaite que par des investissements additionnels moins productifs que ceux réalisés sur la parcelle la moins fertile, le prix de production régulateur augmente, ce qui fait augmenter la rente et baisser le taux de profit. C'est l'hypothèse envisagée par Ricardo.

Les pronostics pessimistes d'abaissement des taux de profit provoqué par l'augmentation des rentes foncières, elles-mêmes consécutives à l'épuisement progressif des ressources naturelles, ne se sont pas réalisés jusqu'à présent. Pour autant, on aurait tort de les négliger car l'agriculture industrielle montre de plus en plus ses limites et ses effets nocifs sur l'environnement. C'est une des contradictions de plus du capitalisme qui donne du sens à l'idée de « planification écologique ».

Chapitre 22 : La rente absolue*

Même le terrain le moins fertile, celui dont le prix de production devrait théoriquement constituer le prix régulateur du marché, procure une rente à son propriétaire. En effet, du fait d'une composition inférieure du capital agricole (proportion plus grande de capital variable, c'est-à-dire de la part des salaires dans le capital total consommé), le taux de plus-value dans ce secteur est supérieur à celui observé dans le secteur industriel. La valeur produite (capital consommé + plus-value) est donc supérieure au prix de production (capital consommé + profit moyen). Le prix de marché peut donc être supérieur au prix de production. Il se situe, selon l'importance de la demande, entre le prix de production et la valeur. La rente absolue est égale à la différence entre le prix de marché et le prix de production. La propriété foncière, obstacle naturel qui se dresse face au capital, entrave la tendance à l'égalisation des taux de profit. Si, avec les progrès techniques, la composition organique du capital vient à égaler ou dépasser celle du capital industriel, la rente absolue disparaît.

Avec le développement de la mécanisation et de l'agriculture intensive (engrais, pesticides, OGM, élevages en batterie, ...) la composition organique du capital agricole (part du capital constant dans le capital consommé pour produire) tend effectivement à égaler celle du capital industriel : on parle d'ailleurs d'« agriculture industrielle ».

Chapitre 23 : Le prix de la terre

Le prix de la terre est toujours de la rente capitalisée. Il peut monter si le taux d'intérêt baisse ou si l'intérêt *(le potentiel de rentabilité)* du capital incorporé à la terre augmente. Il peut monter aussi si la rente augmente (en raison d'une augmentation des prix agricoles, de la mise en culture de terres nouvelles de meilleure qualité ou d'une augmentation du capital qui exploite le sol).
La rente immobilière résulte nécessairement de l'accroissement de la population et du besoin de logements. C'est un tribut prélevé par une partie de la société sur l'autre en échange du droit d'habiter la terre.

La rente peut augmenter si les prix agricoles augmentent ou si le capital investi augmente, que ce soit sur de nouvelles terres ou sur les terres déjà cultivées.

L'explosion des prix du foncier et de l'immobilier dans les grandes zones urbaines est une illustration de ces observations qui restent d'actualité. Pourtant, comme le fait remarquer Marx « aucune société, aucun peuple ni même toutes les sociétés d'une époque prises ensemble ne sont les propriétaires de la terre. Ils n'en sont que les possesseurs, les usufruitiers, et ils devront la léguer aux générations futures après l'avoir améliorée en bons pères de famille. »

Chapitre 24 : Genèse de la rente foncière

La rente foncière correspond à tout ou partie du surproduit généré par le surtravail du paysan producteur de moyens de subsistance, en d'autres termes la plus-value.
Primitivement, les économistes ne distinguaient pas la plus-value du salaire. Pour les mercantilistes, la rente globale était simplement l'excédent commercial. Pour les physiocrates, la plus-value, qui se confond avec la rente, est générée par la productivité du travail agricole.
Au fil de l'Histoire, la rente a pris plusieurs formes :

- la rente en travail, qui distingue clairement le travail du paysan pour payer sa subsistance et le surtravail qu'il offre au propriétaire foncier. Le servage entre dans cette catégorie.
- La rente en nature permet une plus grande autonomie au producteur qui peut, si les conditions s'y prêtent, conserver une partie de la plus-value pour lui.
- La rente pécuniaire est un changement de forme de la rente en nature. Elle suppose un développement suffisant du commerce et de la production marchande. Elle permet progressivement l'émancipation des producteurs et la dissolution des relations anciennes entre propriétaires et fermiers. L'évolution à long terme au 16e siècle en Angleterre en est l'illustration.

Si la petite propriété foncière maintient les paysans dans la pauvreté en raison notamment de la cherté du crédit, l'agriculture capitaliste épuise la terre et maintient les salariés agricoles au minimum de subsistance.

L'évolution historique de la rente foncière, déjà évoquée mais plus succinctement par Smith (RN Livre III chapitre 4), est clairement liée à l'organisation sociale de la production : pour se développer le capitalisme a dû vaincre l'obstacle de la propriété foncière en faisant évoluer la rente... ou en se l'appropriant.

Septième section : Les revenus et leurs sources

Chapitre 25 : La formule trinitaire

Dans la société capitaliste, la plus-value apparaît comme le profit moyen qui revient au capital et se divise en profit d'entreprise et intérêt. Toutefois, ce profit trouve sa limite dans la propriété foncière qui prélève une partie de ce profit grâce à la rente.
Bien que le salaire, le profit et la rente soient des parties d'une même valeur (la plus-value générée par le travail), ces trois types de revenus semblent provenir de trois sources différentes : le salaire du travail, le profit du capital et la rente de la propriété foncière. Cette impression ressentie par les différents agents est reprise par les économistes partisans du capitalisme car elle permet de « brouiller les pistes ». Ainsi le profit (et, en particulier, l'intérêt) semblent provenir naturellement du capital, la rente de la propriété foncière et le salaire du travail. Or, ni le capital ni la propriété de la terre ne créent de valeur, ils ne sont que des agents d'une organisation sociale historiquement datée de la production.

Cette « formule trinitaire » est inspirée de Smith (RN Livre I chapitres 6 à 8). Marx en démonte le mécanisme pour faire apparaître ce qui se cache derrière ce bel ordonnancement.

Chapitre 26 : A propos de l'analyse du processus de production

Le produit total a une valeur égale à celle du salaire, de la rente et du profit plus le renouvellement du capital constant nécessaire à la

réalisation de celui-ci. Or, le revenu global comporte uniquement du salaire, du profit et de la rente.
La solution à cette énigme est qu'il faut distinguer le produit brut (produit total incluant la valeur du capital constant consommé) du revenu net correspondant au produit brut diminué de la valeur du capital constant consommé (et conservé par le travail dans le processus de production).
En réalité, une partie du profit ne se résout pas en revenu mais sert à renouveler le capital constant, soit par une dépense immédiate soit par une épargne en vue d'une dépense future (amortissement).
Dans un mode de production non capitaliste, le surproduit devra toujours permettre l'accumulation et le renouvellement du capital constant. Par ailleurs, il faudra tenir une comptabilité des valeurs produites en fonction de la répartition du travail social entre les différentes branches de production.
Il est exact cependant que même le capital constant peut se résoudre en salaire, profit et rente. Cela n'empêche pas de considérer le produit sous un autre angle d'analyse : capital constant, capital variable et plus-value.

On voit ici le passage de l'analyse classique du produit en salaire, profit et rente, développée notamment par Smith, à celle de Marx selon des notions nouvelles : capital constant, capital variable et plus-value, expliquées de façon détaillée plus haut (C Livre I). Les deux approches ne s'excluent pas mais celle de Marx apporte un éclairage nouveau qui complète et précise la première : c'est la plus-value, c'est-à-dire l'excédent de valeur produite par le travail par rapport au salaire, qui génère le profit et la rente.

Chapitre 27 : La concurrence et ses illusions

La partie de produit qui se subdivise en salaire, profit et rente est bornée par la quantité totale de travail mise en œuvre par le capital social. Par ailleurs, la limite inférieure du salaire est la valeur des moyens de subsistance nécessaires pour reproduire la force de travail.
La transformation des valeurs en prix de production modifie la répartition des profits en fonction de la part respective des différents capitaux dans le capital social total. Si rien ne freine

l'égalisation des profits la rente est une rente différentielle. Dans le cas d'une rente absolue ou d'une situation de monopole, le surprofit est prélevé sur le profit d'autres secteurs ou sur le salaire.
L'illusion couramment répandue consiste à considérer que le travail, le capital et la propriété foncière sont des sources autonomes et distinctes de valeur (salaire, profit et rente) qui se combinent pour déterminer la valeur des produits. Les effets (profit et rente) deviennent ainsi des causes : en réalité salaire, profit et rente dérivent de la valeur créée par le travail. Dans un système non capitaliste, le surtravail doit permettre la reproduction et l'extension des moyens de production et l'assistance à ceux qui ne peuvent pas travailler (jeunes, vieux, malades, …)

Ce chapitre reprend en la résumant la thèse centrale développée par Marx : toute richesse procède en dernière analyse du travail. Il jette également les bases des systèmes de sécurité sociale qui vont se développer au cours du 20e siècle. Les cotisations sociales et la gestion paritaire des organismes de prévoyance (chômage, retraites, santé) sont une appropriation partielle par les salariés du produit de leur travail. On comprend l'acharnement des gouvernements de droite de nos jours à démanteler méthodiquement ces dispositifs : toute appropriation, même partielle, par les salariés de leur « surproduit » est une entrave à la pure logique du système capitaliste !

Chapitre 28 : Rapports de production et rapports de distribution

A première vue, le partage des revenus entre salaire, profit et rente apparaît comme un processus naturel, inhérent à toute activité de production de la société. En réalité, cette distribution est étroitement liée à un mode de production historiquement déterminé, celui du capitalisme.
Dans le mode de production capitaliste, les produits sont des marchandises et le mobile de la production est le profit. La régulation de l'allocation des ressources est assurée par la tendance à l'égalisation des taux de profit. La recherche du profit pousse à réduire les coûts de production et à accroître la productivité du travail social. Ce processus prend l'apparence d'une augmentation de la productivité du capital.

Les éléments simples du processus de travail humain restent communs à toutes les formes sociales de son évolution. Chaque forme historique de la production poursuit le développement des fondements matériels de celle-ci (moyens de production) et de ses modalités sociales (relations entre les différents acteurs : maître et esclave, seigneur et serf, capitaliste et salarié). La crise éclate lorsque la contradiction entre les rapports de distribution (liés à la forme historique des rapports de production) et les forces productives gagne en profondeur. A partir d'un certain degré de maturité, une forme historique de production est remplacée par une forme supérieure.

Là encore, la réflexion de Marx garde toute son actualité. Le développement sans entrave du capitalisme débouche sur la financiarisation de l'économie, une répartition de plus en plus inégalitaire des richesses, l'appauvrissement des Etats, les crises et l'austérité pour le plus grand nombre. Ces contradictions posent clairement la question d'un dépassement du capitalisme (le remplacement de cette forme historique par une forme supérieure). On objectera que cela a déjà été tenté sans succès dans les pays de l'Est au 20e siècle. Cela signifie simplement qu'il faut tirer les enseignements de ces tentatives avortées pour trouver des voies nouvelles. Comme le fait remarquer Jean-Emmanuel Ducoin dans son ouvrage déjà cité, « le renoncement au « meilleur des mondes » n'est pas un renoncement à un monde meilleur. »

Conclusion

Le système capitaliste transforme le travail en travail salarié et les moyens de production, séparés du producteur, en capital. Il entraîne aussi la séparation de la propriété foncière d'avec le capital et le travail.
Les conditions matérielles et les rapports sociaux sont les fondements d'un système de production mais ils sont aussi produits et reproduits par lui. Le capitalisme a un rôle historique civilisateur dans la mesure où il permet d'imposer l'indispensable surtravail (indispensable pour conserver et améliorer la vie) dans des conditions et avec une efficacité accrue par rapport aux systèmes antérieurs (esclavage, servage, …) Une forme supérieure de

production permettrait d'augmenter la production du surtravail et diminuer le temps de travail. Cela favoriserait le développement de la liberté et l'épanouissement humains. Au lieu d'être dominés par la puissance aveugle des échanges économiques, les producteurs règleraient de façon plus rationnelle leurs échanges avec la nature est en reprendraient le contrôle.
Au-delà de l'éternelle nécessité commence ainsi l'épanouissement de la dignité et la puissance humaine qui est la véritable fin de l'activité humaine.

Nul ne sait si Marx aurait placé cette réflexion en conclusion s'il avait pu terminer lui-même les Livres II et III. Le choix de l'éditeur semble néanmoins judicieux car elle constitue une brillante synthèse de tout l'ouvrage en même temps qu'une belle ouverture vers l'avenir avec cette réflexion de bon sens : le sens ultime de la vie n'est pas la recherche du profit mais la quête de l'épanouissement humain.

PARTIE III

LA MAIN INVISIBLE ET LA PLUS-VALUE

Il peut paraître singulier de réduire 3000 pages à deux expressions et plus singulier encore que ces deux expressions ainsi rapprochées symbolisent des courants d'idées que tout oppose à priori.
La « main invisible » est l'argument le plus souvent avancé par les tenants du libéralisme économique pour blâmer toute intervention publique dans le monde des affaires. Pour eux, la concurrence et le marché concourent naturellement à l'intérêt général et toute entrave à ce mécanisme naturel perturbe cette belle tendance. Il ne sert à rien selon eux de vouloir influer artificiellement sur la marche de l'économie, la confrontation des intérêts privés aboutissant à la meilleure allocation possible des ressources disponibles, comme si une force insaisissable canalisait les énergies sans qu'elles s'en rendent compte et faisait surgir une harmonie du désordre des égoïsmes individuels. La « main invisible » serait donc un symbole de l'efficience des marchés, idée mise surtout en avant par les tenants des politiques de droite.
A l'inverse, la « plus-value » est plutôt associée, au-delà de son sens courant de bénéfice, à un mécanisme d'exploitation et d' « aliénation » des travailleurs, idée essentiellement véhiculée par les sympathisants de la gauche.
A y regarder de plus près, cependant, il y a plus de convergences qu'on ne pourrait le penser entre les conceptions de Smith et celles de Marx malgré leurs divergences bien réelles sur des points importants. Nous examinerons les unes et les autres pour mettre en évidence leur complémentarité.

Marx et Smith sont tous deux convaincus de l'utilité de la division du travail : « *Toutefois, dans chaque art, la division du travail, aussi loin qu'elle puisse y être portée, amène un accroissement proportionnel dans la puissance productive du travail.* » (RN Livre I chapitre1) « *Le travailleur global combiné, qui constitue le mécanisme vivant de la manufacture, est constitué uniquement de ce genre de travailleurs partiels unilatéraux. Ainsi, par rapport au métier artisanal autonome, on produit davantage en moins de temps ou, si l'on veut, la force productive du travail est accrue.* » (C livre I section 4 chapitre 12). Cependant, Marx va beaucoup plus loin en montrant comment, dans le système de production capitaliste, cette division du travail conduit à la dépossession des ouvriers de leurs moyens de production, c'est-à-dire à leur « aliénation ».

Marx et Smith ont également une conception assez proche de la « valeur travail » : pour eux, la valeur d'un bien est liée à la quantité de travail qui a été nécessaire pour le produire. « *Le travail est donc la mesure réelle de la valeur échangeable de toute marchandise* » (RN Livre I chapitre 5). « *En ce qui concerne la grandeur de la valeur, [le travail] ne vaut que quantitativement, une fois qu'il a été réduit à du travail humain, sans autre qualité que celle-là.* » (C Livre I section 1 chapitre 1). Les deux auteurs émettent donc une idée semblable mais, là encore, Marx va plus loin dans l'analyse : il distingue le travail concret, dont la qualité produit une valeur d'usage (exemple : le tailleur fabrique un habit) et le travail abstrait, qui ne représente plus qu'une quantité de travail humain moyen et sert de base à l'échange des marchandises (exemple : un habit qui représente x heures de travail moyen peut s'échanger contre dix livres de thé qui représentent chacune y heures de travail moyen, à condition toutefois que x=10y).
On voit de ce qui précède que, si le travail est la mesure de la valeur réelle de toute marchandise, il ne peut servir de référence commode à l'échange marchand. Dans l'exemple ci-dessus, le cordonnier n'a peut-être pas besoin de dix livres de thé mais d'une seule. Pour que l'échange soit quand même possible, il doit passer par une marchandise particulière : l'argent. Là encore, les deux auteurs font la même déduction : « *Quand les échanges ne se font plus immédiatement, et que l'argent est devenu l'instrument général du commerce, chaque marchandise particulière est plus souvent échangée contre de l'argent que contre toute autre marchandise.* » (RN Livre I chapitre 5). « *C'est parce que toutes les marchandises sont, en tant que valeurs, du travail humain objectivé qu'elles sont, pour cette raison, commensurables,*

qu'elles peuvent collectivement mesurer leurs valeurs dans une même marchandise spécifique et, par là même, transformer cette dernière en leur mesure de valeur collective, en monnaie. » (C. Livre I section 1chapitre 3).

Si la valeur de toute marchandise est liée à la quantité de travail moyen qu'elle contient, son prix de vente ne peut s'écarter durablement de cette valeur moyenne, sauf situation de monopole. Contrairement à ce qu'on pourrait penser, le jeu de l'offre et la demande ne détermine donc pas réellement son prix, mais seulement l'écart de celui-ci, à la hausse ou à la baisse, par rapport à son « prix naturel » selon Smith, son « prix de production » ou « valeur marchande » selon Marx : « *Le prix naturel est donc, pour ainsi dire, le point central vers lequel gravitent continuellement le prix de toutes les marchandises. »* (RN Livre I chapitre 7) « *Le rapport entre l'offre et la demande explique donc, d'une part, uniquement les écarts entre les prix de marché et les valeurs marchandes et, d'autre part, la tendance à annuler ces déviations, autrement dit à supprimer l'effet du jeu de l'offre et de la demande.»* (C Livre III chapitre 7) En d'autres termes, lorsque l'offre et la demande s'équilibrent, le prix d'une marchandise est strictement déterminé par sa valeur marchande et non, paradoxalement, par la concurrence. On est frappé de la similitude de cette conception avec celle de Smith qui parle de « gravitation vers un prix naturel ».

La concurrence est donc une sorte de « force de rappel » qui tend à ramener le prix des marchandises à leur valeur, c'est-à-dire la quantité de travail moyen qu'elles contiennent. Marx fait cependant remarquer (C livre I section 1 chapitre 3) que des choses peuvent avoir un prix sans avoir de valeur : l'honneur, une terre non cultivée par exemple. C'est aussi le cas pour le prix de l'argent prêté (le taux d'intérêt) ou celui de titres de créances (actions ou obligations). Dans ce cas, l'écart entre le prix et la valeur est égal au prix, puisque la valeur n'existe pas. Le jeu de l'offre et la demande détermine donc intégralement le prix : *« A mesure que la quantité des fonds à prêter à intérêt vient à augmenter, l'intérêt ou le prix qu'il faut payer pour l'usage du capital va nécessairement en diminuant. »* (RN Livre II chapitre 4) ; *« Les gains ou les pertes dus aux fluctuations des titres de propriété (...) sont le résultat naturel du jeu de la spéculation. Ce jeu vient prendre la place du travail comme mode primitif d'acquisition de capital.* » (C Livre III chapitre 17). Bien que portant sur des objets différents, ces deux citations montrent bien que le mécanisme de fixation des prix est différent dans le secteur de la production réelle et dans celui de la finance.

C'est également la concurrence qui régit dans la durée la distribution du capital dans les différents secteurs de l'économie. Le penchant naturel des détenteurs d'argent est d'investir là où le taux de profit escompté est le meilleur : *« Chaque individu met sans cesse tous ses efforts à chercher, pour tout le capital dont il peut disposer, l'emploi le plus avantageux.* » (RN Livre IV chapitre 2). *« Le capital s'évade du secteur à faible taux de profit pour se précipiter vers celui qui offre un taux de profit plus élevé.* » (C Livre III chapitre 7) Smith et Marx en tirent la conséquence en mettant en évidence la tendance à l'égalisation des taux de profit : *« La concurrence réduit les profits au niveau de ceux des autres emplois.* » (RN Livre I chapitre 10) *« Par ce va-et-vient continuel, bref, par la façon dont il se répartit entre les différents secteurs selon que le taux de profit baisse ici et augmente là, le capital crée un rapport entre l'offre et la demande capable d'égaliser le profit moyen entre les différents secteurs de la production.* » (C Livre III chapitre 7).

Cette tendance à l'égalisation des taux de profit va de pair avec leur « baisse tendancielle », formule célèbre de Marx qui rejoint, comme on l'a vu plus haut, un constat déjà fait par Smith : *« L'accroissement des capitaux qui fait hausser les salaires tend à abaisser les profits.* » (RN Livre I chapitre 9). Marx explique cette loi de la façon suivante : avec le progrès technique la part du capital constant dans l'ensemble du capital productif augmente. Ainsi, une même quantité de force de travail met en jeu une plus grande quantité de moyens de production. A taux d'exploitation constant (rapport pl/v entre la plus-value, c'est-à-dire le profit, et le salaire), le taux de profit diminue puisque sa masse (pl) se rapporte à une masse totale de capital augmentée. *« La tendance croissante du taux de profit général à la baisse est simplement une façon, propre au mode de production capitaliste, de traduire le progrès de la productivité sociale du travail. »* (C Livre III chapitre 9) On voit cependant qu'à partir d'un constat commun : la baisse du taux de profit liée à l'augmentation du capital productif, Smith et Marx donnent des explications différentes. Le premier impute cette baisse à la hausse des salaires tandis que le second l'attribue à la hausse de la productivité du travail générée cette augmentation du capital productif. Smith a une vision optimiste des choses : l'augmentation du capital productif fait monter les salaires et la production, ce qui augmente la richesse de la société et s'accompagne d'une baisse du taux de profit. Marx récuse cette description idyllique : la hausse du capital productif ne vise pas à enrichir la société mais à augmenter le profit, celui-ci étant le but unique de la production capitaliste. La baisse tendancielle de son taux génère des crises car, pour enrayer la tendance, on détruit périodiquement du capital constant (par exemple, en fermant des usines), on augmente l'exploitation du travail par la baisse des salaires ou les suppressions d'emplois, ce qui vient en contradiction avec la nécessité de vendre une masse croissante de marchandises.

Nous approchons là du cœur du débat : le profit. Là encore, le constat de départ est le même pour les deux auteurs : le profit est bien le produit du travail. *« Le produit du travail n'appartient pas toujours tout entier à l'ouvrier. Il faut, le plus souvent, que celui-ci le partage avec le propriétaire du capital qui le fait travailler. »* (RN Livre I chapitre 6). *« La partie de capital convertie en force de travail modifie sa valeur dans le procès de production. Elle reproduit son propre équivalent et un excédent par rapport à celui-ci, une survaleur qui peut elle-même varier, être plus ou moins grande. »* (C Livre I chapitre 6). Smith constate que le produit du travail « se résout en » salaire, profit et rente, qui sont les trois sources de revenus de la société. Son analyse reste toutefois « superficielle » car, n'expliquant pas comment le processus productif crée un excédent, il finit par laisser penser que la propriété du capital productif et la propriété foncière concourent à la valeur du produit, et pas seulement à son partage : *« Ainsi, dans le prix des marchandises, les profits des fonds ou capitaux sont une part constituante dans la valeur(...) La rente(...) forme une troisième partie constituante.»* (RN Livre I chapitre 6). Ainsi, du constat que le produit du travail est partagé entre le travailleur, le propriétaire du capital et le propriétaire foncier, on glisse vers l'affirmation que le salaire, le profit et la rente seraient des parts « constituantes » de la valeur créée, ce qui contredit le constat initial : si c'est le produit du travail que l'on partage, ce produit ne peut être en même temps le fruit du capital et de la propriété foncière. La contradiction est à son comble lorsque, vers la fin de son œuvre, l'auteur affirme que *« la terre et les capitaux sont les deux sources primitives de tous revenus, tant publics que particuliers. »* (RN Livre V chapitre 3). Le renversement est total ! Marx pointe cette incohérence : *« Les meilleurs porte-parole de l'économie classique n'en restent pas moins (...) prisonniers de cet univers illusoire qu'ils ont détruit par leur critique, et ainsi presque tous tombent dans des inconséquences, des demi-vérités, des contradictions insolubles. »* (C Livre III section 7 chapitre 25). Pour dépasser cette analyse, il « dissèque » le processus de production et trouve comme on l'a vu plus haut un nouveau concept fondamental : la distinction entre capital constant (qui ne transmet au produit que sa valeur) et le capital variable (le salaire, prix de la force de travail, qui transmet au produit sa valeur plus une valeur nouvelle, la « survaleur » ou plus-value, d'où le qualificatif de « variable »). Ainsi, l'ambiguïté est levée : le profit, égal à la plus-value, revient au capital, il est source de revenu pour le détenteur de capital mais n'est pas la source de la valeur créée. Il en est de même pour la rente, qui n'est qu'un prélèvement sur le profit. Contrairement aux apparences et à l'expression courante, l'argent ne « travaille » pas, il fait travailler les autres !

En somme, Smith perçoit bien le rôle du travail dans la création de toute richesse mais, ne tirant pas toutes les conséquences de ce constat, il aboutit à une contradiction. On retrouve celle-ci dans les définitions qu'il donne des notions de capital fixe et capital circulant. Pour lui, le capital fixe est celui *« dont le caractère distinctif est de rapporter un revenu ou profit sans changer de maître »* (RN Livre II chapitre1), tandis que le capital circulant *« est celui dont le caractère distinctif est de ne rapporter un revenu qu'en circulant ou changeant de maître »* (RN Livre II chapitre1). Ces définitions se heurtent à des contradictions mises en évidence par Marx (C Livre II section 2 chapitre 7). Ainsi, par exemple, si un chef d'entreprise construit un bâtiment industriel, il s'agirait pour lui d'un capital circulant, puisqu'il s'en dessaisit, et pour son acquéreur d'un capital fixe, puisqu'il le conservera sur une longue durée. Il y a là une confusion entre le « capital circulant » et le « capital de circulation » (la marchandise), comme si le processus commercial était similaire au processus de production. Cette confusion brouille complètement les pistes et peut laisser croire que l'acte de vente crée de la valeur, au même titre que le processus de production, alors qu'il ne fait que concrétiser une valeur déjà créée. La définition donnée par Marx permet de sortir définitivement de cette impasse : la différence entre le capital fixe et le capital circulant est que le premier transmet progressivement sa valeur au produit sur plusieurs cycles de production tandis que le second transmet entièrement sa valeur à chaque cycle. *« La différence dans le transfert de la valeur au produit (...) résulte de la diversité des formes sous lesquelles le capital productif existe et dont une partie est consommée en totalité, tandis que l'autre ne l'est que progressivement. »* (C Livre II section 2 chapitre 5).

Récapitulons à ce stade : Smith et Marx considèrent tous deux que la division du travail augmente la production et les échanges, que l'usage de la monnaie résulte du développement des échanges, que le travail est la mesure commune de la valeur de toute marchandise et que la concurrence ne règle que les variations de prix par rapport à cette valeur. Ils convergent également sur le double constat de l'égalisation et de la baisse tendancielle des taux de profit. Cependant, si Smith, comme Marx, analyse le profit comme un prélèvement sur le produit du travail, il se contredit en affirmant que le profit et la rente sont, comme le salaire, des parts constituantes du produit. En montrant que le profit est de la plus-value, créée par le travail (capital variable, distinct du capital constant) dans le processus de production, Marx confirme et démontre l'intuition première de Smith. Il clarifie en outre les notions de capital fixe et capital circulant dont Smith donne des définitions insuffisantes.

Il est un autre sujet sur lequel on note des convergences entre les deux auteurs : la rente foncière, à laquelle ils consacrent tous deux de longs passages. Tous deux considèrent que ce droit prélevé sur l'utilisation du sol résulte d'un monopole : *« La rente de la terre, considérée comme le prix payé pour l'usage de la terre, est donc naturellement un prix de monopole. »* (RN Livre I chapitre 11). *« La propriété foncière repose sur le monopole qu'ont certains individus, à l'exclusion de tous les autres, de disposer de parties déterminées du globe terrestre, comme sphères exclusives de leur volonté privée. »* (C Livre III section 6 chapitre 20). Smith explique que le niveau de ce droit est réglé par celui prélevé sur l'utilisation des terres servant à produire l'aliment de base : *« La rente des terres cultivées pour produire la nourriture des hommes règle la rente des autres terres cultivées. Aucun produit particulier ne peut longtemps rendre moins, parce que la terre serait aussitôt mise en autre nature de rapport. »* (RN Livre I chapitre 11). Marx partage cette analyse : *« Un des grands mérites d'Adam Smith est d'avoir montré que la rente foncière provenant du capital employé dans la culture de produits agricoles (...) est déterminée par la rente obtenue par le capital investi dans la production de l'aliment de base. Depuis Smith, aucun progrès n'a été réalisé à cet égard. »* (C Livre III section 6 chapitre 20). Quel éloge ! Cette analyse pourrait sembler surprenante aujourd'hui où on a l'impression que la rente foncière est plutôt réglée par le développement urbain et la spéculation immobilière tandis que les aliments de base peuvent être importés. Les ressources de la planète n'étant pas infinies, elle ne peut cependant que rester valide à l'échelle mondiale. D'ailleurs, les multinationales qui achètent massivement à prix bradés des terres agricoles dans les pays pauvres ne s'y trompent pas. On observe également une convergence de vues entre Smith et Marx quant à l'affirmation que la rente est un prélèvement sur le produit du travail qui vient en concurrence avec le profit. *« Lors de la stipulation des clauses du bail, le propriétaire fait tout ce qu'il peut pour ne laisser [au fermier] d'autre part dans le produit que celle qui est nécessaire pour remplacer le capital (...) et pour lui donner, en outre, les profits ordinaires que rendent les fermes dans le canton. Cette part est évidemment la plus petite dont le fermier puisse se contenter sans être en perte. »* (RN Livre I chapitre 6). *« La propriété foncière ne crée en rien la portion de valeur qui se transforme en surprofit (...) Elle n'est pas la cause de la création de ce surprofit, mais de sa transformation en rente foncière et, par conséquent, de l'appropriation de cette portion du profit, ou du prix de la marchandise, par le possesseur du terrain.* » (C Livre III section 6 chapitre 21).

Marx et Smith ont encore un autre point commun : ils situent leur analyse dans une perspective historique. Tous deux font le constat que le système capitaliste a détruit l'ordre médiéval qui prévalait antérieurement. Les explications qu'ils donnent de cette évolution majeure diffèrent néanmoins en partie. Smith met en avant l'influence quasi « naturelle » du développement des manufactures : en offrant aux seigneurs des produits à échanger contre les revenus qu'ils utilisaient jusqu'alors à entretenir leurs suites, le capitalisme naissant a progressivement réduit leur pouvoir : *« ... mais ce que les institutions féodales, toutes violentes qu'elles étaient, n'avaient pu effectuer, l'action lente et insensible du commerce étranger et des manufactures le fit graduellement (...) et c'est ainsi que, pour gratifier la plus puérile et la plus sotte de toutes les vanités, les grands propriétaires abandonnèrent par degrés tout ce qu'ils avaient de crédit à long terme. »* Smith ajoute un peu plus loin une explication technique de cette dégradation : *« La vanité dépensière du propriétaire le fit souscrire à cette condition, et de là l'origine des longs baux ».* (RN Livre III chapitre 4). Marx fait le même constat : *« Au XVI e siècle un élément d'une importance décisive vient s'ajouter à cela. Les contrats de fermage étaient alors de longue durée (...) La baisse continue de la valeur des métaux précieux et donc de la monnaie rapporta un véritable pactole aux fermiers (...) [Le fermier] s'enrichit ainsi à la fois aux frais de ses ouvriers et aux frais de ses landlords. »* (C Livre I section 7 chapitre 24). Cependant, il ajoute à ce facteur un autre fait totalement passé sous silence par Smith : l'expropriation violente de la population rurale britannique aux 16e et 17e siècles qui a permis la constitution d'une part de grandes propriétés foncières et d'autre part d'une masse croissante de prolétaires disponibles pour l'industrie capitaliste en développement. *« La base de tout ce processus [l'accumulation initiale] c'est l'expropriation hors de sa terre du producteur rural, du paysan. »* (C Livre III section 7 chapitre 24). Une des illustrations les plus connues de ce phénomène est la célèbre législation sur le clôturage des terres communales (les fameuses

« inclosures ») que Marx qualifie de *« décrets d'expropriation du peuple. »* Smith se contente de constater qu' *« une prairie bien enclose fournira souvent une plus forte rente qu'aucune pièce de blé du voisinage »*. (RN Livre I chapitre 11).
Outre la baisse de la valeur des baux et l'expropriation violente des petits paysans, Marx évoque d'autres facteurs dans son analyse historique de « l'accumulation initiale » qui a permis l'essor du capitalisme : le protectionnisme, les guerres coloniales, les dettes publiques et l'esclavage, phénomènes dont Smith traite lui aussi longuement, sans toutefois leur attribuer les mêmes conséquences.

Comme on l'a vu dans la première partie, la critique du protectionnisme (le « mercantilisme ») est longuement développée dans l'œuvre de Smith. Celui-ci démontre que, si elle enrichit une petite catégorie de marchands, cette pratique appauvrit la société. Il cite notamment la prime à l'exportation du blé en vigueur en Angleterre à son époque, qui *« établit sur le peuple deux impôts différents : le premier est l'impôt auquel il faut qu'il contribue pour payer la prime, et le second est celui qui résulte du renchérissement du prix sur le marché intérieur. »* (RN Livre IV chapitre 5). Marx pousse encore plus loin la dénonciation : là où Smith ne voit qu'une erreur à corriger, il décrit une manœuvre délibérée et assumée. *« Le système protectionniste fut un moyen artificiel de fabriquer des fabricants, d'exproprier des travailleurs indépendants (...) Les Etats européens (...) ne se contentèrent pas de rançonner publiquement à cet effet leur propre peuple, indirectement par des droits protecteurs, directement par des primes à l'exportation, etc. »* (C Livre I section 7 chapitre 24).

Il en va de même pour les expéditions coloniales, dont les buts rejoignent ceux du protectionnisme. S'il observe qu'elles ont fourni, outre un afflux de métaux précieux, d'énormes débouchés commerciaux aux pays colonisateurs, Smith dénonce sans réserve les monopoles commerciaux qui les accompagnent, en montrant leur nocivité, tant pour les colonisés que pour les colonisateurs, seule une petite catégorie de marchands et d'entrepreneurs en tirant bénéfice. *« Pour favoriser les petits intérêts d'une petite classe d'hommes dans un seul pays, [le monopole] blesse les intérêts de toutes les classes dans ce pays-là, et ceux de tous les hommes dans*

tous les autres pays. » (RN Livre IV chapitre 7). Le jugement est sans appel ! Marx dénonce également les méfaits de cette pratique mais pousse l'analyse plus loin en l'inscrivant dans la logique du développement capitaliste : *« Le système colonial fit mûrir comme plantes de serre le commerce et la navigation (...) Le butin directement prélevé hors d'Europe par le pillage, la mise en esclavage, les crimes crapuleux, etc. refluait vers la mère patrie et, là, se transformait en capital. »* (C Livre I section 7 chapitre 24).
La « vanité dépensière » des souverains, encouragée par le développement des manufactures, et les expéditions coloniales ont eu un effet induit important : le développement de la dette publique, celle-ci constituant une aubaine pour les détenteurs de capitaux. Ceux-ci ont pu en effet s'enrichir à bon compte sur le dos des peuples obligés de payer des impôts pour honorer remboursement et intérêts. Ces constats, faits de façon assez proche par Smith et Marx, seraient encore pertinents de nos jours ! *« Le marchand ou capitaliste se fait de l'argent en prêtant au gouvernement, et au lieu de diminuer les capitaux de son commerce, c'est pour lui une occasion de les augmenter. »* (RN Livre V chapitre 3). *« La Dette Publique devient l'un des leviers les plus énergiques de l'accumulation initiale. Comme par un coup de baguette magique, elle confère à l'argent improductif un talent procréateur qui le transforme en capital, sans qu'il ait besoin de s'exposer au dérangement et aux risques des investissements industriels et même des placements usuraires. »* (C Livre I section 7 chapitre 24).

L'esclavage, lui, est brièvement évoqué par les deux auteurs, mais sous un angle très différent. Cette pratique ne choque pas vraiment Smith qui se contente d'en dénoncer les excès et de constater que *« de même que le succès d'une culture qui se fait au moyen de bestiaux, (...) le produit et le succès d'une culture qui se fait au moyen d'esclaves doit dépendre également de l'attention qu'on apporte à bien les traiter et bien les soigner. »* (RN Livre IV chapitre 7). Cette comparaison tranquillement exprimée par un penseur éclairé, modéré et même humaniste par certains côtés laisse songeur sur l'état d'esprit d'une bonne partie de l'opinion publique européenne à cette époque ! Un siècle plus tard, la vision de Marx est évidemment beaucoup plus critique mais il la situe toujours dans la perspective de l'histoire du capitalisme : *« « L'extermination et l'asservissement de la population indigène, son ensevelissement dans les mines, les débuts de la conquête et du sac des Indes orientales, la transformation de l'Afrique en garenne commerciale pour la chasse aux peaux noires, voilà de quoi est faite l'aurore de la production capitaliste. »* (C Livre I section 7 chapitre 24). Les deux auteurs convergent cependant pour constater que l'esclavage est un mode de production moins efficace que le capitalisme.

Les conditions de travail des ouvriers sont abordées dans les deux œuvres. Smith déplore la précarité de ces conditions et prône la modération aux employeurs : *« ...on voit des ouvriers... s'écraser de travail et ruiner leur santé et leur tempérament en peu d'années. A Londres, un charpentier passe pour ne pas conserver sa pleine vigueur plus de huit ans...Celui qui travaille avec assez de modération pour être en état de travailler constamment, non seulement conserve le plus longtemps sa santé, mais encore est celui qui, dans le cours d'une année, fournit la plus grande quantité d'ouvrage. »* (RN Livre I chapitre 8). Un siècle plus tard, du temps de Marx, les choses ont bien changé, mais pas en bien. Comme on l'a mentionné plus haut, les chapitres 8 et 13 du Livre I du « Capital » fourmillent d'exemples des conditions atroces imposées par la production capitaliste en plein essor. Il n'est pas étonnant, dans ces conditions, que la vie des ouvriers soit devenue inhumaine : *« Le Dr Lee, inspecteur de la Santé de Manchester, a établi que dans cette ville, l'espérance moyenne de vie de la classe aisée est de 38 ans, celle de la classe ouvrière de 18 ans seulement. A Liverpool, elle s'élève à 35 ans pour la première et tombe à 15 ans pour la seconde. »* (C Livre I section 7 chapitre 23). Ainsi, le charpentier de Londres, aussi dure que fût sa condition, était mieux loti que l'ouvrier de Manchester ou Liverpool cent ans plus tard ! Marx souligne cette dégradation concomitante avec une augmentation sans précédent des richesses produites et en donne l'explication : la surpopulation ouvrière (l' « armée de réserve ») créée par le système capitaliste fait qu'à tout moment il est facile d'acheter de la force de travail nouvelle. Il est donc moins nécessaire de préserver celle en place. *« Ce que l'expérience montre en général au capitaliste, c'est qu'il y a une surpopulation permanente, ... bien qu'elle se constitue d'un flot de générations rachitiques vite épuisées, qui s'éliminent rapidement, et sont pour ainsi dire, cueillies encore vertes... Le capital n'a donc aucun scrupule s'agissant de la santé et de l'espérance de vie de l'ouvrier. S'il n'y est contraint par la société.»* (C Livre I section 3 chapitre 8). Nous sommes loin des exhortations raisonnables de Smith. Pour Marx, la chose est claire : seul un rapport de forces peut rendre le système raisonnable !

On peut évoquer également une certaine similitude de vues quant au rôle de la Justice dans le domaine économique. Smith rappelle qu'historiquement le développement des institutions judiciaires (le « gouvernement civil ») est étroitement lié au développement de la propriété et des inégalités de fortune.
« Le gouvernement civil, en tant qu'il a pour objet la sûreté des propriétés, est, dans la réalité, institué pour défendre les riches contre les pauvres, ou bien, ceux qui ont une certaine propriété contre ceux qui n'en ont point. » (RN Livre V chapitre 1). Marx montre deux illustrations saisissantes de ce constat en ce qui concerne d'une part l'expropriation des petits paysans anglais : *« Le 18e siècle introduit en l'espèce un progrès en ceci que c'est la loi elle-même qui devient désormais l'instrument de pillage des terres du peuple. »* et d'autre part la régulation des salaires au 18e siècle : *« La bourgeoisie montante a besoin de la violence du pouvoir d'Etat pour « réguler » le salaire (...) c'est-à-dire maintenir l'ouvrier lui-même dans un degré de dépendance normal. C'est là un moment essentiel de la prétendue accumulation initiale. »* (C Livre I section 7 chapitre 24).

Faisons un nouveau point : Smith et Marx considèrent tous deux que la rente foncière est un prélèvement sur le profit qui résulte d'un monopole. Ils estiment tous deux que le système capitaliste a détruit l'ordre médiéval qui existait avant lui et analysent historiquement les causes de ce bouleversement, expliquant notamment les ressorts de l'accumulation de capital. Smith met en avant une évolution lente, quasi « naturelle », fondée sur le travail et l'épargne d'une majorité de citoyens, seulement perturbée par les erreurs des gouvernements et la cupidité de certains marchands : guerres, exploitation des colonies, protectionnisme, dettes publiques. Marx, lui, récuse cette vision idyllique en faisant ressortir l'extrême violence qui accompagne ces transformations.

Que retenir au terme de ce parcours ? Le moteur de l'Histoire est-il la « main invisible » ou la « plus-value » ? On ne peut dénier à Smith une justesse de vue lorsqu'il estime que *« le principe qui nous pousse à épargner, c'est le désir d'améliorer notre sort. »* et que c'est *« cet effort constant, uniforme et jamais interrompu de tout individu pour améliorer son sort (...) qui est la source primitive de l'opulence publique et nationale, aussi bien que de l'opulence privée.»* (RN Livre II chapitre 3). En somme, le travail fabrique un excédent de richesse, l'épargne permet d'augmenter le capital productif qui permet à plus de travail de fabriquer de nouveaux excédents, ce qui alimente ce cercle vertueux. Pourtant, malgré cette force vitale qui pousse les hommes vers le progrès, l'Histoire est ponctuée de malheurs, d'injustices et de guerres. Marx propose une clé de compréhension de cette apparente contradiction en expliquant que *« la violence est l'accoucheuse de toute vieille société grosse d'une société nouvelle »* et que *« parvenu à un certain degré, [un mode de production] engendre lui-même les moyens matériels de sa propre destruction. »* (C Livre I section 7 chapitre 24). Ecrivant à l'époque des manufactures, Smith décrit un système un peu « idéal » qui, pour peu qu'il corrige ses erreurs et freine la cupidité de la classe des marchands, doit conduire les nations et les peuples vers la richesse. Intervenant un siècle plus tard en pleine révolution industrielle, Marx dissèque ce système pour en montrer crûment les tares intrinsèques et les limites. Il ne lui dénie pas pour autant tout intérêt : *« C'est un des traits civilisateurs du capital que d'imposer et d'obtenir ce surtravail (...) dans des conditions qui sont plus favorables au développement des forces productives et des relations sociales, plus avantageuses pour créer les éléments d'une forme nouvelle et supérieure que ne l'étaient les anciennes formes de l'esclavage, du servage, etc. »* (C Livre III section 7 conclusion). Si cette « antithèse » corrige (au double sens du terme : critique et amende) la « thèse » de Smith, elle ne la détruit donc pas.

Parvenu à ce stade, on se prend à rêver d'une nouvelle « synthèse », d'un humanisme qui mettrait la « main invisible » et la « plus-value » au service d'un système dans lequel *« les producteurs associés - l'homme socialisé - règlent de façon rationnelle leurs échanges avec la nature et les soumettent à leur contrôle commun au lieu d'être dominés par la puissance aveugle de ces échanges. »* (C Livre III section 7 conclusion).

L'Histoire n'est jamais terminée…

GLOSSAIRE

Capital :
Pour Smith, c'est un fonds accumulé dont un homme espère tirer un revenu. Ce fonds sert à alimenter un travail productif et se distingue de celui affecté à la consommation de son possesseur.
Pour Marx, le capital est toute richesse investie dans un circuit de production et/ou de vente, que ce soit sous forme d'argent, de moyens de production (au sens large, donc y compris les moyens humains) ou de marchandises. Dans le système capitaliste, le capital se dresse face au travail dont il achète la valeur d'usage (la capacité de produire) à sa valeur d'échange (le prix de la force de travail, c'est-à-dire la valeur des moyens de subsistance permettant de maintenir la force de travail), la différence constituant le profit.

Capital fixe :
Pour Smith, il s'agit de la partie du capital qui procure un profit sans changer de maître (par exemple une machine).
Marx donne une définition différente : il s'agit pour lui de tout moyen de production qui transmet progressivement sa valeur au produit, proportionnellement à son usure (par exemple, une machine dont la durée de vie est de 10 ans transmet chaque année 1/10e de sa valeur au produit fabriqué grâce à elle).

Capital circulant :
Pour Smith, il s'agit de tout capital qui, pour procurer un profit, doit changer de maître : matières premières, énergie, salaires, mais aussi stock de produits et argent.
Marx donne là aussi une définition différente : il s'agit pour lui de tout moyen de production qui transmet instantanément sa valeur au produit : matières premières, énergie, salaires et, plus généralement, tous moyens de production non fixes. Cette définition exclut l'argent, qui ne transmet pas de valeur au produit et que Marx range dans le « capital de circulation ».

Capital constant :
Ensemble des moyens de production au sens strict, c'est-à-dire hors salaires. Ces moyens ne transmettent au produit que leur valeur, soit progressivement (capital fixe) soit instantanément (capital circulant hors salaires).

Capital variable :
Ce sont les salaires qui servent à acheter la force de travail. Le capital variable est un capital circulant qui transmet instantanément sa valeur au produit en y ajoutant une « survaleur » (la plus-value ou profit).

Capital productif :
Ensemble des moyens de production au sens large, c'est-à-dire incluant le capital constant (fixe ou circulant) et le capital variable (qui est aussi du capital circulant).

Capital de circulation :
Il s'agit pour Marx des marchandises destinées à être vendues et de l'argent obtenu par leur vente permettant l'achat de nouveaux moyens de production.

Capital bancaire :
Ensemble des moyens monétaires dont une banque dispose pour prêter. Ce capital se compose des fonds propres de la banque et de capital emprunté (les dépôts et autres avances reçues par la banque). Il se distingue du capital réel car, pour la banque, l'argent, qu'il soit la forme monétaire d'un revenu ou de capital réel, est une marchandise destinée à être vendue avec profit, donc du « capital ».

Composition organique du capital :
Part du capital constant dans un capital productif. Plus cette part est importante, plus la composition organique est dite élevée.

Coût de production :
Valeur du capital constant et du capital variable consommés pour produire une marchandise.

Plus-value :
Survaleur créée par le surtravail (travail réalisé en plus de celui nécessaire pour produire une valeur égale à celle des moyens de subsistance du travailleur).

Prix de production :
Coût de production majoré du taux de profit moyen. Le prix de production d'une marchandise est différent de sa valeur (coût de production + survaleur) sauf dans le cas où la plus-value (survaleur) est égale au profit moyen.

Prix de production régulateur :
Si l'on considère l'ensemble des terrains sur un marché donné et non saturé, il s'agit du prix de production obtenu sur le terrain le moins productif. Ce prix est dit « régulateur » car il sert de base de calcul à la rente dégagée sur les autres terrains où le prix de production est inférieur.

profit :
Voir plus-value.

Rente :
Prélèvement effectué par le propriétaire d'un terrain en contrepartie de son occupation ou son exploitation. La rente est toujours un prélèvement sur le produit du travail qui minore le profit.
Cette définition, commune à Smith et Marx, est plus restrictive que celle passée dans le langage courant, qui vise toute somme d'argent récurrente perçue par le propriétaire d'un bien (terrain, immeuble, titre de créance) grâce à ce bien.

Rente différentielle :
Différence entre le prix de production du terrain cultivé le moins fertile (voir « prix de production régulateur ») et le prix de production moins élevé de l'un quelconque des autres terrains agricoles. Plus l'écart de fertilité est important plus la rente différentielle est forte.

Rente absolue :
Différence entre la plus-value dégagée sur le terrain le moins fertile et le profit moyen, différence due à une composition organique du capital agricole inférieure à la moyenne (plus de part variable donc plus de plus-value). La rente absolue disparaît lorsque, par le jeu des progrès techniques, la composition organique du capital agricole vient égaler ou dépasser celle du capital industriel.

Reproduction simple :
Cycle productif dans lequel le profit dégagé après paiement des salaires et renouvellement du capital constant est consommé intégralement par le capitaliste.

Reproduction élargie :
Cycle productif dans lequel une partie du profit est convertie en capital nouveau (constant et variable) pour augmenter la production. Ce supplément de capital génère un supplément de profit et déclenche le mécanisme d'accumulation.

Survaleur relative :
Survaleur produite par un allongement de la durée de travail.

Survaleur absolue :
Survaleur générée par une baisse du coût du travail permise par une diminution du prix des moyens de subsistance.

Taux de plus-value :
Rapport de la plus-value (pl) au salaire (capital variable v).

Taux de profit :
Rapport du profit (plus-value) à l'ensemble du capital avancé pour la production.

Valeur :
Pour Smith, la valeur d'une marchandise exprime la quantité de travail nécessaire pour la produire ou, en d'autres termes, la quantité de travail que la vente de cette marchandise peut acheter ou commander. A partir d'un certain stade de développement, cette valeur s'exprime en argent. Marx reprend cette notion pour définir

la « valeur d'échange » d'une marchandise, exprimée en argent (« marchandise universelle ») qu'il distingue de sa « valeur d'usage » (son utilité concrète).

BIBLIOGRAPHIE

La richesse des nations : Adam Smith tomes 1 et 2 éditions GF-Flammarion 1991

Le capital Livre I : Karl Marx éditions PUF Quadrige annoté par Jean-Pierre Lefebvre 1993/2006

Le capital Livres II et III : Karl Marx éditions Gallimard Folio annoté par Maximilien Rubel 1963 et 1968

A la rencontre de Karl Marx : Jean-Emmanuel Ducoin éditions Oxus Littérature 2011

Marx mode d'emploi : Daniel Bensaïd illustré par Charb éditions La découverte Zones 2009

Un nouveau modèle économique : Amartya Sen éditions Odile Jacob 2003

Le temps des turbulences : Alan Greenspan éditions JC Lattès 2007

La grande transformation : Karl Polanyi éditions Gallimard Tel 1983

TABLE

L'HARMATTAN, ITALIA
Via Degli Artisti 15; 10124 Torino

L'HARMATTAN HONGRIE
Könyvesbolt ; Kossuth L. u. 14-16
1053 Budapest

ESPACE L'HARMATTAN KINSHASA
Faculté des Sciences sociales,
politiques et administratives
BP243, KIN XI
Université de Kinshasa

L'HARMATTAN CONGO
67, av. E. P. Lumumba
Bât. – Congo Pharmacie (Bib. Nat.)
BP2874 Brazzaville
harmattan.congo@yahoo.fr

L'HARMATTAN GUINÉE
Almamya Rue KA 028, en face du restaurant Le Cèdre
OKB agency BP 3470 Conakry
(00224) 60 20 85 08
harmattanguinee@yahoo.fr

L'HARMATTAN CAMEROUN
BP 11486
Face à la SNI, immeuble Don Bosco
Yaoundé
(00237) 99 76 61 66
harmattancam@yahoo.fr

L'HARMATTAN CÔTE D'IVOIRE
Résidence Karl / cité des arts
Abidjan-Cocody 03 BP 1588 Abidjan 03
(00225) 05 77 87 31
etien_nda@yahoo.fr

L'HARMATTAN MAURITANIE
Espace El Kettab du livre francophone
N° 472 avenue du Palais des Congrès
BP 316 Nouakchott
(00222) 63 25 980

L'HARMATTAN SÉNÉGAL
« Villa Rose », rue de Diourbel X G, Point E
BP 45034 Dakar FANN
(00221) 33 825 98 58 / 77 242 25 08
senharmattan@gmail.com

L'HARMATTAN TOGO
1771, Bd du 13 janvier
BP 414 Lomé
Tél : 00 228 2201792
gerry@taama.net

535908 - Juillet 2013
Achevé d'imprimer par

1livre.com
du rêve à la réalité !